Mira Lobe
Große Freunde – kleine Freunde

j

Mira Lobe wurde am 17. September 1913 in Görlitz in Schlesien
geboren. Dass sie Talent zum Schreiben hatte, zeigte sich schon
an ihren Schulaufsätzen. Sie wollte studieren und Journalistin
werden, was ihr als Jüdin im nationalsozialistischen Deutschland
verwehrt wurde. Daher lernte sie Maschinenstrickerin an der
Berliner Modeschule. 1936 flüchtete sie nach Palästina.
Ab 1950 lebte sie in Wien, wo sie am 6. Februar 1995 starb.
Mira Lobe hat fast 100 Kinder- und Jugendbücher geschrieben,
für viele von ihnen hat sie Preise und Auszeichnungen erhalten.
Zu ihren bekanntesten Werken gehören *Das kleine Ich bin
ich* (1972), *Valerie und die Gute-Nacht-Schaukel* (1981),
Die Geggis (1985), *Die Omama im Apfelbaum* (1965),
Die Räuberbraut (1974), *Die Sache mit dem Heinrich* (1989).

Mira Lobe

GROSSE FREUNDE – KLEINE FREUNDE

Jungbrunnen

Die Deutsche Bibliothek – CIP-Einheitsaufnahme
Lobe, Mira:
Große Freunde – kleine Freunde / Mira Lobe. –
Wien : Verlag Jungbrunnen, 1998
ISBN 3-7026-5705-3

Einband: Maria Blazejovsky

Druck und Bindung: Druckerei Theiss GmbH, A-9400 Wolfsberg

Inhalt

Sechs harte Eier

Jakob und Mario wohnten im selben Haus. Jakob oben im vierten Stock und Mario im dritten. In der gleichen Wohnung gehörten ihnen die gleichen Zimmer, und sogar ihre Betten standen – eins oben, eins unten – am gleichen Platz neben dem Fenster. Die beiden waren Freunde, solange sie zurückdenken konnten. Sie hatten zusammen im Sandkasten gespielt, sie waren zusammen in den Kindergarten gegangen, und schließlich waren sie zusammen in die Schule gekommen. Dort saßen sie nebeneinander, schrieben einer vom anderen ab, sagten einer dem anderen ein – wie sich das für Freunde gehört.

Sie waren beide keine Musterschüler. Jakob war gut im Lesen und Schreiben – und nicht so gut im Rechnen. Bei Mario war es umgekehrt: Rechnen fiel ihm leicht, dafür haperte es mit der Rechtschreibung. Weil keiner besser war als der andere und keiner schlechter, gab es weder Neid noch Eifersucht zwischen ihnen. Sogar die Lehrerin sagte: „Die zwei sind wirklich ein Herz und eine Seele!"

Jakob und Mario steckten den ganzen Tag zusammen. Vormittags in der Schule und nachmittags nach den Hausaufgaben beim Spielen. Und am liebsten hätten sie auch noch die Nacht zusammen verbracht. Weil das nicht ging, wünschten sie sich ein Telefon, ein eigenes Telefon, nur für sie allein.

„Wozu?", fragten die Eltern. „Ihr habt doch nur die paar Stufen vom dritten Stock in den vierten? Wozu braucht ihr ein Telefon?"

„Für die Nacht!", sagte Mario.

„Weil wir ein Herz und eine Seele sind!", sagte Jakob. Er hatte sich den Satz von der Lehrerin gemerkt und fand ihn schön.

Sie bekamen tatsächlich ein Kindertelefon. Der Draht führte oben aus Jakobs Fenster an der Hausmauer hinunter und bei Marios Fenster hinein. Die Apparate standen neben den Betten, und jeden Abend läutete es oben im vierten Stock.

„Hallo, Jakob?"

„Wer spricht?"

„Hier spricht Mario. Wie geht's dir?"

„Hallo, Mario. Mir geht's gut. Und dir?"

„Auch gut. Hast du schon das Licht ausgemacht?"

„Noch nicht. Aber bald."

„Na dann – gute Nacht! Und wenn irgendwas passiert, dann ruf mich gleich an, hörst du?"

„Was soll denn passieren?"

„Vielleicht kommt ein Tiger oder eine Maus …"

„Bei uns gibt's keine Tiger und keine Mäuse. Aber ich ruf dich trotzdem gleich an. Und du mich auch."

„Ja, ich dich auch."

So telefonierten die beiden Abend für Abend. Bis zu dem Tag, an dem sie in der Schule eine Rechenarbeit zurückbekamen. Mario starrte erschrocken auf den roten Vierer, der statt des gewohnten Zweiers in seinem Heft prangte.

„Mach dir nichts draus!", tröstete Jakob. Er selbst hatte einen Dreier und traute sich kaum, es zu sagen, weil er den Freund nicht kränken wollte.

„Das muss ein Zufalls-Dreier sein … So, wie es bei dir ein Zufalls-Vierer ist", murmelte er. „Bei der nächsten Arbeit ist es bestimmt wieder wie immer …"

Aber das war ein Irrtum. Als sie die nächste Rechenarbeit zurückbekamen, fragte die Lehrerin: „Was ist los mit dir, Mario? Schon wieder ein Vierer, ein wackeliger obendrein – fast schon ein Fünfer. Schau dir den Jakob an, wie tüchtig der ist, der hat diesmal sogar einen Zweier."

Mario schaute Jakob nicht an. Er wusste ja, wie er aussah. Er blickte finster vor sich hin, Ellbogen auf dem Tisch, Fäuste unterm Kinn – und war wütend.

In der folgenden Stunde hatten sie Deutsch. Die Lehrerin rief Mario an die Tafel; er sollte einen Satz schreiben: „Im Herbst fallen viele Äpfel vom Baum."

Die Kreide quietschte und brach mittendurch, so fest drückte Mario auf. Er schrieb: „Im Herpst fallen fiele Epfel fom Baum."

Hinter ihm kicherten die Kinder. Mario spürte, wie

seine Ohren heiß und rot wurden. Die Lehrerin seufzte und rief Jakob an die Tafel. Der verbesserte Marios Fehler, und als die Lehrerin ihn fragte, ob er den Satz auch in die Vergangenheit setzen könne, schrieb er: „Im Herbst fielen viele Äpfel vom Baum."

Die Lehrerin lobte Jakob und sagte, dass er ihr Freude bereite. Zu Mario sagte sie, dass er zu Hause mehr üben müsse. Dann schickte sie beide auf ihre Plätze zurück. Mario setzte sich so, dass er Jakob den Rücken zudrehte.

„Was hast du denn?", fragte der.

Er bekam keine Antwort; und als die Schule aus war, rannte Mario nach Hause, ohne auf ihn zu warten. Das war noch nie da gewesen, sonst gingen sie immer zusammen heim.

Jakob hoffte auf den Abend, er wartete auf das Telefongespräch. Es kam nicht. Schließlich hielt er es nicht mehr aus und rief unten an: „Hallo? Mario?"

Keine Antwort.

„Mario, bist du da?"

„Nein, ich bin in Amerika. Blöde Frage."

„Was hab ich dir denn getan? Warum bist du so ekelhaft?"

„Ich bin nicht ekelhaft. Aber du bist ein Streber!"

„Ich? Ein Streber? Nimm das zurück!"

Klick.

Mario hatte den Hörer aufgelegt.

Jakob versuchte es noch einmal: „Hallo, Mario?"

„Falsch verbunden."

Klick.

Seitdem waren sie böse und redeten kein Wort mehr miteinander. In der Schule zog Mario einen Kreidestrich quer über den Tisch; der bedeutete: Komm mir nur ja nicht zu nahe! Das ist meine Hälfte, dort ist deine Hälfte.

Drei Tage später fingen die Osterferien an. Mario fuhr mit seinen Eltern Ski laufen in die Berge. Jakob blieb zu Hause und dachte: „Vielleicht läuft er sich seine Wut und seine Dummheit heraus; vielleicht ruft er mich gleich an, wenn er wiederkommt, und alles wird so wie früher ..."

Es wurde nicht wie früher. Mario kam am letzten Ferientag zurück, er polterte mit Skiern, Stöcken und Gepäck die Treppe hinauf, dass man es bis in den vierten Stock hörte. Jakob rannte in sein Zimmer, setzte sich aufs Bett und wartete darauf, dass das Telefon läutete. Es blieb stumm.

Als er am nächsten Morgen in die Schule kam, war Mario schon da und drehte den Kopf weg. Der Kreidestrich war frisch gezogen. Dick und weiß teilte er den Tisch in zwei feindliche Hälften.

In der Klasse ging es lebhaft zu, wie immer nach Ferien. Die Kinder erzählten von Ostern. Viele hatten Süßigkeiten mit, Schokoladehasen und Marzipanküken, und in der Pause packten sie bunt gefärbte harte Eier aus. Ein Mädchen, das hinter Jakob saß, beugte sich vor und fragte, ob er seine Banane gegen ihr lila Ei tauschen wolle.

„Nein, danke. Ich mag keine harten Eier", sagte Jakob. „Mir wird schlecht davon."

„Bubi kriegt Bauchweh!", spottete Mario. Er verschränkte die Arme vor der Brust. „Ich kann fünf harte Eier hintereinander essen wie nichts. Ehrenwort!"

„Wirklich?", fragte das Mädchen. „Fünf Stück – alle auf einmal?"

„Sogar sechs!", behauptete Mario. „Oder sieben. Wie nichts rutschen die bei mir hinunter."

„Der schwindelt", sagte Jakob. „Der gibt nur an!"

Mario wurde fuchsteufelswild. „Ich schwindle nicht, du Streber! Ich kann es beweisen!"

„Na dann tu's doch."

Mario sammelte sechs harte Eier ein. Zwei lila, zwei grüne, ein rotes und ein blaues. Die ganze Klasse stand um ihn herum und sah, wie er sie abschälte und zu essen begann. Die ersten beiden Eier verschwanden im Nu; beim dritten dauerte es schon länger; beim vierten fing Mario an zu würgen; beim fünften wurde er blass. Vor dem sechsten holte er tief Luft und kniff die Augen zu, während er es mühsam hinunterdrückte.

„Gewonnen!", schrie er. „Ich habe alle sechs …"

Weiter kam er nicht. Er presste die Hände vor den Mund und rannte aus der Klasse.

Mario kam erst wieder, als die Pause vorbei war und alle schon auf ihren Plätzen saßen. Er war ganz grün im Gesicht.

„Ist dir nicht gut?", fragte die Lehrerin.

„Nein … also ja …", stammelte er verwirrt. Das fehlte noch, dass die Lehrerin von den sechs harten Eiern erfuhr! Hoffentlich vertratschte ihn niemand aus der Klasse.

Das Mädchen hinter Jakob meldete sich: „Bitte ich weiß, warum dem Mario schlecht ist, er hat nämlich …"

Jakob rief laut dazwischen: „Dem Mario wird oft schlecht, wirklich! Weil er so stark wächst. Ich kenn das bei ihm! Das vergeht wieder. Am besten, man kümmert sich nicht darum und lässt ihn in Ruhe …"

„Schön", sagte die Lehrerin. „Lassen wir ihn also in Ruhe."

Mario setzte sich auf seinen Platz. Er sah Jakob nicht an und sagte auch nichts. Am Ende der Stunde spuckte er auf den Kreidestrich und verrieb ihn mit seinem Ärmel.

Abends ging das Telefon neben Jakobs Bett.

„Hallo, Jakob. Rate mal, wer spricht …"

„Hallo, Mario. Bist du zurück aus Amerika? Wie geht es dir?"

„Schon wieder ziemlich gut. Nur an harte Eier darf ich nicht denken! Übrigens, es ist zwar egal, aber du bist kein Streber …"

„Und du kein Schwindler. Sechs Eier hast du versprochen, und sechs Eier hast du gehalten, auch wenn du dann – na, ist auch egal."

„Total egal. Gute Nacht, Jakob."

„Gute Nacht, Mario."

Susanne und die Seifenblasen

In der Schublade mit dem Krimskrams fand Susanne plötzlich die Plastikschlinge zum Seifenblasen wieder. Die hatte sie lange nicht mehr benutzt, und Seifenlauge war auch keine da. Sie ging ins Badezimmer, schnitzelte Seife in ein altes Marmeladeglas, ließ warmes Wasser drauflaufen und rührte um. Mit dem Zahnbürstenstiel, bis alle Schnitzel aufgelöst waren. Dann fing sie an zu blasen, aber die Seifenblasen blieben blass und zerplatzten an den Möbeln und an der Decke.

„Seifenblasen blühen nur draußen", dachte Susanne. „Am schönsten, wenn die Sonne scheint. Dann schimmern sie lila und golden und grün."

Sie ging auf die Straße, lehnte sich an die Hauswand und blies bunte Bälle in die Luft. Kleine und größere und ganz große. Sie spiegelten das Stück Himmel über der Straße. Sie kamen im Schwarm aus der Plastikschlinge, verteilten sich, manche zersprühten in der Luft, manche zerstoben an der Hausmauer, manche flogen ganz hoch hinauf, bis man sie nicht mehr sehen konnte. Alle waren schön, lila, golden, grün.

„Komisch", dachte Susanne, „komisch, dass niemand stehen bleibt. Die Erwachsenen haben es eilig und keine Zeit für Seifenblasen. Nicht einer, der zuguckt oder ihnen nachschaut. Dabei ist jeden Abend Werbung im Fernsehen, und immer heißt es *Bring Schönheit in deinen Alltag!* Zum Beispiel mit einer neuen Einbauküche, Marke Billabella. Oder mit einem tollen neuen Auto. Alles Sachen, die Geld kosten. Aber wenn bunte Seifenblasen ganz umsonst in der Luft herumfliegen und schön sind, mitten im Alltag, dann sieht sie keiner."

Da kam Hannes aus dem Haus. Er blieb stehen: „Finde ich ungeheuer blöd, was du hier machst!"

„Ich nicht!", sagte sie und blies weiter.

Hannes war älter und stärker und wahrscheinlich auch klüger als sie. Es war schwer, ihm zu widersprechen. „Saublöd und kindisch!", sagte Hannes. „Imponiert mir gar nicht!"

Sie wollte antworten, dass sie die Seifenblasen nicht machte, um ihm zu imponieren, sondern weil sie schön waren. Aber sie spitzte nur die Lippen und pustete in die Plastikschlinge und sah dem bunten Gestöber nach, das lila und golden davonflog.

Hannes zeigte auf das Marmeladeglas. „Wenn du drei Schlucke davon trinkst – das würde mir schon eher imponieren."

Sie wollte antworten, dass sie ja nicht schwachsinnig sei und Seifenwasser trinke, nur wegen ihm. Aber sie hob das Glas an den Mund und nahm drei

16

Schlucke und wartete, was jetzt passieren würde. Zuerst nicht viel.

Hannes grinste: „Prost, Kleine! Wohl bekomm's!" und ließ sie stehen.

Dann wurde ihr langsam schlecht. Vom Seifenwasser, von Hannes, von sich selbst, weil sie so dumm gewesen war, etwas zu tun, was sie gar nicht wollte – und vielleicht auch ein bisschen von den vielen Leuten auf der Straße, die einfach weitergingen, ohne sich um bunte Seifenblasen zu kümmern und um kleine Mädchen, denen es schlecht war. Sie ging um die Ecke, dort war die Praxis von Doktor Graf. Der kannte sie, seit sie auf der Welt war.

Im Wartezimmer saßen drei Leute. Sie stellte sich ans offene Fenster, das halb volle Seifenwasserglas in der Hand.

„Wer war der Letzte, bitte?", fragte sie.

„Ich!", sagte eine junge Frau.

Von der Straße kamen der Lärm und der Benzingestank herein. Trotzdem atmete sie tief ein. Das soll man, wenn einem schlecht ist. Tief durchatmen. Ein großer Mann trat ein, setzte sich hin, und dann kam noch ein kleiner. Tief durchatmen und flach hinlegen. Hinlegen traute sie sich nicht, hier im Wartezimmer zwischen den fremden Leuten. Dabei wurde ihr immer schlechter.

Als die junge Frau aus dem Behandlungsraum kam, drängte sich der große Mann vor und wollte hinein.

„Jetzt bin ich aber dran!", sagte Susanne und brauchte viel Mut dazu. Er tat, als sei er schwerhörig und schob sie einfach zur Seite. „Drei waren vor mir – ich kann doch noch bis drei zählen!", sagte sie und schluckte. Gleich würde sie sich übergeben müssen.

„Werd gefälligst nicht frech!", sagte der Mann. „Ich habe es eilig. Kinder können warten."

Die junge Frau mischte sich ein: „Sie ist wirklich nach mir dran. Und außerdem ganz grün im Gesicht."

Der große Mann brummte und ließ sie vorbei.

„Guten Tag, Susanne", sagte der Doktor. „Was gibt's?"

„Mir ist schlecht!" Sie würgte ein bisschen, und dann kam im Bogen das Seifenwasser vermischt mit den Linsen und der Wurst von heute Mittag heraus.

Der Doktor gab ihr Wasser zu trinken und läutete nach der Sprechstundenhilfe, die mit dem Eimer kam und die Bescherung aufwischte.

„Jetzt ist dir schon besser, nicht wahr?", fragte er. „Was hast du denn heute gegessen?"

„Linsen und Wurst und Seifenwasser."

„Seifenwasser?"

Da erzählte sie ihm, wie sie auf der Straße *Bring Schönheit in deinen Alltag* probiert hatte, ganz umsonst, und wie der Hannes erschienen war und es fertig gebracht hatte, dass sie ihm imponieren wollte.

„Wart draußen auf mich", sagte Doktor Graf, „ich bin bald fertig hier."

Susanne setzte sich ins Wartezimmer. Der große Mann ging hinein und kam wieder, der kleine Mann ging hinein und kam wieder – und dann war die Sprechstunde zu Ende. Der Arzt gab Susanne das Seifenwasserglas.

„Hast du schon wieder Lust zu blasen?", fragte er.

„Nicht sehr. Wenn ja doch niemand zuschaut."

Während sie die Treppe hinuntergingen, fragte der Doktor: „Brauchst du unbedingt Zuschauer? Kannst du dich nicht allein daran freuen?"

„Sich-allein-freuen ist nicht so schön!"

„Da hast du Recht", sagte er. Und dann stiegen sie in sein Auto. Sie fuhren nicht weit. Nur bis zur Calvinstraße.

„Das ist ja das Altersheim …", sagte Susanne.

„Ja. Da habe ich zu tun."

Er nahm sie mit hinein. Obwohl alles sehr sauber war, roch es ein bisschen beklemmend. Ein paar alte Leute tappten an Stöcken durch die Gänge.

Nach hinten hinaus, an der Rückseite des Altersheims, war ein großer, grüner Garten. Das merkte man dem Haus von vorne gar nicht an.

Doktor Graf zeigte über den Rasen zu den Rosensträuchern hin: „Wart da auf mich! Ich fahre dich dann nach Hause."

Er verschwand, und sie stand schüchtern und verloren herum, das Glas in der Hand. Auf einer Bank saßen drei alte Frauen und strickten. In einem Rollstuhl saß ein alter Mann. Zu dem ging sie zögernd hin.

„Willst du was?", fragte er. Der Kopf und die Hände zitterten. Die Stimme zitterte auch.

Sie holte die Plastikschlinge heraus. Eine Wolke bunter Seifenblasen, lila und golden und grün, flog über den Garten.

„Schön!", sagte der alte Mann mit der zitternden Stimme. Die Seifenblasen schwebten über die Rosensträucher und spiegelten die Farben: rosa und rot und orange und gelb. „Schön", wiederholte der alte Mann, „das kannst du aber gut!"

„Ist ja nicht schwer!", sagte sie eifrig. „Wenn man stark pustet, kommen viele, kleine, flinke. Wenn man vorsichtig pustet, dann kommt nur eine große, die fliegt ganz langsam los und wird immer bunter ... Wollen Sie mal?"

Sie streckte ihm die Plastikschlinge hin und erschrak. Da hatte sie schon wieder etwas gemacht, was sie gar nicht wollte. Der alte Mann hatte gelbe Stummelzähne im Mund und roch nach altem Tabak, und vielleicht war er sogar krank. Wenn der wirklich zugriff und mit seinen faltigen Lippen an die Plastikschlinge kam, dann musste sie die Schlinge wegwerfen oder zumindest gut abspülen. Heimlich natürlich – auf keinen Fall durfte er es sehen.

„Danke", sagte er. „Mach du nur weiter. Zuschauen ist schöner."

20

Sie machte weiter. Bis das Marmeladeglas leer war. Dann unterhielt sie sich mit ihm. Sie hätte nicht gedacht, dass man sich mit alten Männern in Rollstühlen so gut unterhalten konnte. Zuerst über Glasbläserei, dann über andere Berufe. Der alte Mann war früher Kellner gewesen. Sie fragte ihn, ob das interessant sei. „Sehr interessant", sagte er. „Alle Berufe, die mit Menschen zu tun haben, sind interessant, glaub mir."

Der Doktor kam und holte Susanne ab. Der alte Mann gab ihr die Hand. Sie ergriff die Hand und hielt sie so fest, dass sie nicht zitterte.

„Ich komme vielleicht mal wieder", sagte sie. „Nächste Woche oder so."

Ronni kann schon Englisch

Auf der Teppichstange im Hof eines alten Wiener Mietshauses sitzen drei Kinder. Felix, Andreas und Mirjana. Die zwei Buben essen Kirschen. Unter der Teppichstange steht eine leere Konservendose. Andreas und Felix spucken die Kirschkerne hinein und zählen, wer die meisten Treffer hat. Mirjana spuckt nicht mit. Sie häkelt einen Topflappen. Den will sie ihrer Mutter zum Muttertag schenken. Sie zählt die Maschen: drei Luftmaschen, eine feste Masche.

„Eins, zwei, drei …", zählt Mirjana.

Da kommt der Ronni in den Hof.

Jetzt sitzen vier Kinder auf der Teppichstange.

„Eins, zwei, drei …", zählt Mirjana.

„Ich kann schon auf Englisch zählen!", sagt Ronni stolz. „Uann, tuu, trie – ich hab ein Loch im Knie …"

„Armer Ronni!", stöhnt Mirjana. „Ein großes Loch? Das muss man sofort verbinden!"

„Stör mich nicht!", sagt Ronni und fängt von vorne an: „Uann, tuu, trie – ich hab ein Loch im Knie. Tuu, trie, fohr – und einen Floh im Ohr …"

„Armer Ronni!", kichert Mirjana. „Jetzt hat er auch noch einen Floh im Ohr!"

Andreas spuckt einen Kern in die Dose und sagt:

„So ein Zählgedicht kann ich auch: Eins, zwei, drei – die Katze frisst den Brei. Zwei, drei, vier – ich trinke ein Glas Bier …"

„Aber deines ist in Deutsch", bemerkt Mirjana.

Felix möchte auch gern Englisch können. „Uann, tuu, trie …", probiert er. Weiter kommt er nicht. „Was heißt ‚vier'?"

„‚Vier' heißt ‚fohr'", sagt Ronni. „Und ‚fünf' heißt ‚feif'."

„Pfeifen kann ich auch!", sagt Andreas. Er steckt zwei Finger in den Mund und pfeift wunderbar laut. Leider kommt gerade die Frau Fürst mit dem Mülleimer in den Hof.

„Diese Fratzen!", schimpft sie. „Machen schon wieder einen solchen Lärm! Was treibt ihr denn da oben auf der Teppichstange?"

Der Ronni sagt vornehm: „Wir treiben Englisch, Frau Fürst! Ehrenwort!"

„Tuu, trie, fohr", schreit Felix, „ich hab ein Loch im Ohr. Uann, tuu, trie – und einen Floh im Knie!"

Frau Fürst leert ihren Müllkübel aus und schimpft weiter: „Mich könnt ihr nicht für blöd verkaufen, ihr Fratzen!"

Sie geht ins Haus zurück.

Mirjana murmelt hinter ihr her – aber leise, damit sie es nicht hört: „Vier, fünf, sechs – verschwind' du alte Hex!"

„Was heißt ‚sechs' auf Englisch?", fragt Felix.

„ßix", sagt Ronni. „Und ‚sieben' heißt ‚ßäwn'. Und ‚acht' heißt ‚eet'. ßix, ßäwn, eet – gut' Nacht, es ist schon spät."

„Gar nicht wahr!", sagt Andreas. „Es ist noch nicht halb vier – da trink ich noch ein Bier."

„Armer Andreas", lacht Mirjana. „Schon das zweite Bier heute. Du wirst ja beim Dichten zum Säufer!"

„‚Neun' heißt ‚nein'", sagt Ronni. „Und ‚zehn' heißt ‚tenn'."

Oben im ersten Stock steckt seine Mutter den Kopf zum Fenster heraus: „Ronni! Komm sofort herauf! Englisch-Hausaufgaben machen!"

„O je!", sagt Ronni und springt von der Teppichstange mitten auf die Konservendose. Alle Kirschkerne kugeln heraus.

„Acht, neun, zehn – der Ronni muss jetzt gehn!", dichtet Mirjana.

„Eet, nein, tenn – die Mama ruft, ich renn!", ruft Ronni und rennt ins Haus.

Die Schultüte

Pia liegt im Bett und kann nicht einschlafen.

Morgen ist ihr erster Schultag, und alle Kinder werden mit ihren Schultüten daherkommen – nur sie nicht. Große, bunte Tüten mit Bonbons und Schokolade. Pias Eltern sind dagegen.

„Das Naschzeug ist schlecht für die Zähne", sagen sie.

„Sei vernünftig, Pia!", sagen sie. „Du bekommst statt der dummen Süßigkeiten etwas anderes."

„Ich will aber nichts anderes! Ich will eine Schultüte wie alle Kinder."

Pia liegt mit offenen Augen da.

Neben dem Bett steht ihre neue Schultasche. Auf dem Sessel liegen ihre neue Hose und der neue Pulli für morgen früh. Sie stellt sich vor, wie die Kinder in die Schule strömen, alle schön angezogen, alle mit der Schultasche auf dem Rücken und alle mit ihrer Schultüte im Arm.

Pia fängt an zu weinen. Sie zieht die Decke über den Kopf, damit es keiner hört.

Die Tür zum Kinderzimmer geht auf.

Leise kommt die Mutter ans Bett. Sie versucht, die Decke wegzuziehen.

„Aber Pia! Was hast du denn?"

Pia hält die Decke fest.

„Du weinst ja! … wegen der Tüte?", fragt die Mutter.

Pia nickt. Die Mutter seufzt. Dann streichelt sie Pia und sagt: „Schlaf jetzt. Vielleicht geschieht noch ein Tütenwunder, morgen früh, wenn du aufwachst …"

Pia glaubt nicht an Wunder.

„Bei Wundern kann man nie wissen", sagt die Mutter. „Die kommen, wann und wie sie wollen. Und jetzt hör auf zu weinen. Versuch einzuschlafen." Sie streichelt Pia und gibt ihr einen Gutenachtkuss.

Sie geht ins Wohnzimmer. „Pia weint", sagt sie zum Vater. „Weil sie keine Schultüte bekommt …"

„Was machen wir denn da?", fragt der Vater erschrocken. „Wo sollen wir denn jetzt, mitten in der Nacht, eine Tüte herzaubern?"

„ZAUBERN!", ruft die Mutter. „Da fällt mir etwas ein!"

Sie holt die Leiter und zerrt einen Koffer vom Schrank. Darin liegen Pias Faschingskostüme. Sie ist voriges Jahr als Zauberer gegangen, hat einen bunten Kittel mit weiten Ärmeln angehabt und einen spitzen Zauberhut auf dem Kopf. Auf dem Hut sind allerlei Zauberzeichen: Schnörkel und Zahlen und Buchstaben. Die passen gut zur Schule. Die Mutter klebt aus Papierservietten einen weißen Rand an die Tüte und fädelt einen Faden durch, den man zuziehen kann. „Damit nichts herausfällt!"

26

„Und jetzt wird die Tüte voll gepackt", sagt der Vater.

Ganz unten kommt ein Apfel hinein.

Dann eine große bunte Sparbüchse in Käferform. Dann eine Radiergummi-Maus, ein Fußball-Bleistiftspitzer und eine Micky-Maus-Kerze.

Ein Säckchen mit Nüssen, Mandeln und getrockneten Aprikosen.

Die Zauberhut-Tüte wird immer voller.

Zum Schluss legt die Mutter obenauf ein kleines Paket in rosa Seidenpapier und zieht den Faden zu.

Pia wacht früher auf als sonst. Das macht die Aufregung. So einen ersten Schultag gibt's ja nur einmal im Leben. Sogar Geburtstag und Weihnachten gibt's öfter.

Pia blinzelt. Sie macht die Augen auf und wieder zu. Wieder auf – und wieder zu. Weil es vielleicht nicht stimmt, dass da etwas auf ihrem Bett liegt … Doch! Es stimmt! Das Wunder!

Pia setzt sich auf, nimmt die Tüte vorsichtig zwischen die Knie und öffnet sie. Ganz oben liegt etwas in rosa Seidenpapier eingepackt. Sie wickelt es aus – es ist ein kleiner Teddybär. Mit einer winzigen Schultasche auf dem Rücken und einer winzigen Schultüte im Arm. In der Schultasche ist ein winziges Heft. In der Schultüte sind fünf winzige Bonbons.

Pia schaut nach, was sonst noch in der Tüte ist. Sie findet die Sparbüchse, den Radiergummi, den Bleistiftspitzer und die Micky-Maus-Kerze, die Nüsse, die Mandeln und die Aprikosen. Alles ist wunderbar.

Viel wunderbarer als Bonbons und Schokolade.

Aber am wunderbarsten ist der kleine Schulbär.

Die Dogge

Eigentlich hatte Stefan nichts gegen Hunde. Benjamins Zwergpudel zum Beispiel – der gefiel ihm sehr. Der war herzig, den streichelte er gerne. Oder auch der Pinscher von der Gemüsefrau. Der gefiel ihm zwar weniger, denn er war alt und zitterte in einem fort. Er konnte einem Leid tun – und deshalb kraulte Stefan auch ihn.

Und die Hundebabys beim Hausmeister? Von denen war Stefan regelrecht begeistert gewesen. Drei winzige Wuscheldinger, die sich neben ihrer Dackelmutter im Korb kuschelten und fiepten. Ihr Vater war der Spitz von gegenüber, der immer frei umherlief. Was später einmal aus den drei Wuscheln werden würde, wusste keiner. Mischlinge auf jeden Fall, Spitzdackel oder Dackelspitze. „Mischlinge", behauptete der Hausmeister, „sind viel klüger und anhänglicher als Rassehunde."

Stefan nickte, nahm ein Wuschelknäuel auf den Arm und drückte das Gesicht in sein warmes, weiches Fell. Er hätte den Wuschel für sein Leben gern behalten. Aber seine Eltern waren dagegen.

Zwergpudel, Pinscher und Dackelkinder – das waren alles liebe, kleine Hunde. An die großen traute sich

Stefan nicht heran. Vor großen Hunden hatte er Respekt. Man konnte auch „Angst" sagen; aber „Respekt" klingt besser. Am schlimmsten waren die Doggen. Riesentiere mit schwarzen Lefzen und einem Maul voller scharfer, weißer Zähne.

Einmal – und das war lange her – war er von so einer Dogge gebissen worden. Na ja, um die Wahrheit zu sagen, eher gezwickt als gebissen. Damals war er bei den Riedler-Kindern oben zum Spielen eingeladen. Während sie im Vorzimmer die Eisenbahn aufstellten, kam ein Mann zu Besuch; er hatte eine Dogge bei sich, einen großen, starken Hund, der Jago hieß. Vor seinem Jago, sagte der Mann, müsse sich niemand fürchten, der sei sehr brav und gehorche aufs Wort.

„Jago, sitz!", befahl er.

Und Jago ließ sich auf sein Hinterteil nieder, saß still wie ein Hundedenkmal, hielt die Augen unverwandt auf seinen Herrn gerichtet und keuchte nur ein bisschen.

„Jago, gib Pfote!"

Und Jago ließ sich die Pfote schütteln – etwas widerwillig, wie es Stefan vorkam, aber folgsam.

Die Riedler-Mädchen waren entzückt. Besonders die Susi.

„Ob er bei uns auch so gehorcht?", fragte sie, als der Mann mit Herrn Riedler im Wohnzimmer verschwand.

„Jago! Sitz!", rief Susi. Jago dachte gar nicht daran.

„Na los! Sitz doch!" Susi stemmte sich auf Jagos Hinterteil und versuchte, es mit Gewalt hinunterzudrücken.

Jago knurrte. Aus seiner Hundekehle kam ein drohendes Grollen.

„Du, mach das lieber nicht …", warnte Stefan und wollte Susi wegziehen.

Sie wehrte sich: „Lass mich doch!"

Elisabeth kam der Schwester zu Hilfe und drückte mit.

Jago fuhr herum wie ein Wilder, schnappte, erwischte weder Susi noch Elisabeth, sondern Stefan. Sein Geschrei holte Herrn Riedler und den Hundebesitzer aus dem Wohnzimmer.

Seit damals machte Stefan einen weiten Bogen um große, fremde Hunde und wollte nichts mit ihnen zu tun haben.

Bis zu dem Tag, an dem ihn seine Mutter einkaufen schickte. Er hatte einen Zettel, auf dem stand, was er mitbringen sollte: Semmeln, Butter, einen Liter Milch und ein halbes Kilo Bananen.

Das Geschäft war ein Selbstbedienungsladen und riesig. An der Eingangstür hing eine Bildtafel mit einem schwarz-weiß gefleckten Hund, der betrübt die Augen verdrehte. Darüber in Druckbuchstaben: ICH MUSS DRAUSSEN BLEIBEN! Daneben ein Haken an der Hausmauer. Dort hängten die Leute ihre Hundeleinen an.

Als Stefan kam, sah er schon von weitem die festgebundene Dogge. Sie war noch jung und nicht so groß wie damals der Jago – aber immerhin eine Dogge und eine verzweifelte obendrein. Sie riss an der Leine, sie stieg auf die Hinterpfoten, sie winselte und bellte und jaulte. Stefan hörte ganz deutlich, wie unglücklich sie war. Er wunderte sich, dass die anderen es nicht auch hörten. Die marschierten einfach vorbei und warfen kaum einen Blick auf das arme Tier.

Jetzt drehte sich die Dogge auch noch wie ein Kreisel um sich selbst. Dabei verwickelte sich die Leine und schlang sich als zweites Halsband – ein Würge-Halsband – um den Hundenacken. Die Dogge japste, versuchte sich loszureißen, aber je heftiger sie zog, und zerrte, desto enger spannte sich die Leine.

Stefan schluckte. Er stand mit seinem Korb und seinem Zettel vor dem Geschäft und wusste nicht, was er tun sollte. Nach Hause laufen und die Mutter holen? Oder noch besser den Hausmeister? Der verstand sich auf Hunde …

Auf der gegenüberliegenden Straßenseite spazierte eine Frau mit ihrem Spaniel vorbei. Es war eine vornehme Frau und ein vornehmer Spaniel. Beide sahen aus, als ob sie sich langweilten.

Stefan lief zur Ampel zurück, wartete auf Grün, überquerte die Straße und rannte der Frau mit dem Spaniel nach.

„Entschuldigen Sie, bitte … da drüben, also da ist

nämlich … ich meine, würden Sie bitte so gut sein … weil Sie doch auch einen Hund haben …"

Er stotterte und zeigte auf die andere Straßenseite.

Die Frau sah ihn kühl an. Um fremde Hunde kümmere sie sich nicht, sagte sie. Das wäre ja noch schöner. Wo käme sie denn da hin? Und wenn dem Kleinen (mit „Kleinen" meinte sie Stefan) der kläffende Köter so Leid täte, sollte er ihn gefälligst selber losbinden.

Stefan rannte zur Ampel zurück, wartete auf Grün, stand wieder vor dem Geschäft und der heiser röchelnden Dogge.

Zwei Frauen mit vollem Einkaufswagen kamen aus dem Laden und steuerten auf ihr Auto zu.

„Jetzt schau dir den Hund an!", sagte die eine und blieb stehen. „Der erdrosselt sich noch …"

Sie schien zu überlegen, ob sie eingreifen sollte.

Stefan schöpfte Hoffnung. „Tu's doch!", dachte er inbrünstig.

Aber die andere Frau hielt die erste zurück. „Lass die Hände davon! Der sieht böse aus! Der beißt!"

„Er hat doch einen Maulkorb …", gab die erste zu bedenken.

„Trotzdem. Der ist bissig!"

Sie gingen weiter.

Stefan murmelte: „Klar sieht er böse und bissig aus! Wenn euch jemand den Hals zuschnüren tät, dann wärt ihr auch böse und bissig!"

Er stellte den Korb hin und ging auf die tobende Dogge zu.

„Hallo, Hund …", sagte er leise. „Ich komm jetzt und helf dir. Und du tust mir nichts, nein?"

Die Dogge war stark. Sie wollte ihn nicht heranlassen. Stefan musste sich auf die Zehenspitzen stellen, um über den Hund hinweg an den Haken zu kommen, an dem die Lederschlaufe hing.

„He Bürschchen!", rief eine Stimme. „Was treibst du denn da mit meinem Hund!?"

Die Stimme gehörte einem jungen Mann, der eben aus dem Geschäft kam. Mit ein paar Schritten stand er neben Stefan und der Dogge. Stefan ließ die Schlaufe los.

„Er hat sich ganz verwurschtelt …", stammelte er. „Ich hab das nicht mitanschauen können …"

Der junge Mann entwirrte die Leine, befreite seinen Hund von dem Würgehalsband, kraulte ihn zwischen den Ohren und sprach liebevoll auf ihn ein. Zu Stefan sagte er: „Und ich hab gedacht, du hast wer weiß was vor! Dabei bist du gar kein Hundedieb, sondern ein Hunderetter! Sehr nett. – Was habt ihr denn für einen?"

„Hund?", fragte Stefan. „Gar keinen."

„Gar keinen? Tatsächlich? Wieso traust du dich dann so nah heran? Die meisten Kinder fürchten sich vor meiner Senta. Zum Glück gibt's auch welche wie dich. Wie heißt du denn?"

„Stefan."

„Also dann – schönen Dank, Stefan! Mach's gut."

Er ging mit seiner Senta davon. Stefan trollte sich in das Geschäft und stellte fest, dass er inzwischen den Zettel verloren hatte. Aber das machte nichts, er wusste es auswendig: Semmeln, Butter, ein Liter Milch und ein halbes Kilo Bananen.

Hochwasser

Meine Mutter war eine kleine, zierliche Frau. Manchmal nahm mein Vater sie auf die Arme und trug sie um den Tisch herum. Sie protestierte lachend und strampelnd, und es kam vor, dass sie ihm eine kleine Ohrfeige gab, wenn er sie wieder abstellte. Eine liebevolle Ohrfeige – versteht sich.

Mir gefiel es nicht sehr, wenn mein Vater sie so um den Tisch herumtrug. Sie kam mir dann hilflos vor wie ein Kind – und war doch erwachsen, war meine Mutter, und ich wollte Achtung vor ihr haben. Wer sich wie ein Baby um Tische herumtragen ließ, den konnte ich nicht ernst nehmen. Der war lächerlich in meinen Augen.

Ich wanderte hinter den beiden her, ein kleines, dünnes Mädchen. Mit spätestens zehn Jahren, so beschloss ich, würde ich ein Junge werden. Ein großer, starker Junge und später ein noch größerer, stärkerer Mann. Dann würde ich mir eine Frau nehmen und sie nie, nie herumtragen, auch wenn sie klein und schwach war wie meine Mutter.

Natürlich hatten meine Eltern keine Ahnung davon, dass ich ein Junge werden würde. Ich wollte sie nicht kränken. Sie versicherten mir immer wieder, dass sie sich eine Tochter gewünscht hätten, genau so eine wie mich. Ich liebte beide sehr: meinen starken Vater und meine zierliche Mutter. Vielleicht meine Mutter noch mehr – und gerade deshalb nahm ich ihr's übel, dass ich sie nicht ganz für voll nehmen konnte. Abends, vor dem Einschlafen, malte ich mir aus, wie das wäre, wenn ich in Gefahr geriete: Feuersbrunst, Schiffsuntergang, sonst was. Hoffentlich würde dann mein Vater da sein, auf dessen Kraft und Mut ich mich verlassen konnte. Auf Kraft und Mut einer Mutter, die sich um Tische herumtragen ließ, konnte ich mich nicht verlassen. Das stand fest.

Wir fuhren nach Klein-Biberbach, einem Dorf in den Bergen. Wir: meine Mutter und ich. Der Vater sollte später nachkommen.

Klein-Biberbach war voller Leute, die Huber hießen. Man konnte sie nur unterscheiden, wenn man ihre Vornamen hinten anhängte. Unser Haus gehörte dem Huber-Franz, das Haus daneben dem Huber-Michl. Wir wohnten im oberen Stock. Trat man aus unserm Zimmer auf die braune Holzveranda, so sah man über den Obstgarten zum Biberbach hinüber. Weiden und wilde Himbeersträucher standen an seinem Ufer. Es war ein zahmes Wasser, das, von einer Brücke überspannt, mitten durchs Dorf floss.

Anfangs hatten wir lauter Sonnentage. Im Garten reiften die Erdbeeren. Ich half der Frau Huber-Franz beim Pflücken und der Frau Huber-Michel beim

Schweine füttern, und täglich durfte ich die warmen Eier unter dem Brustgefieder der Hennen hervorholen.

Dann fing es an zu regnen. Einen Tag, den zweiten, den dritten, es hörte gar nicht mehr auf. Alle Huber-Bauern schauten besorgt zum Himmel, schüttelten die Köpfe und bangten um die Heuernte.

„Ein so ein Wetter!", brummten sie. „Wann's so weitergeht, ist alles hin …"

„Wenn das so weitergeht", sagte auch meine Mutter, die am Fenster stand, „dann müssen wir morgen Mittag ins Gasthaus schwimmen."

Wir aßen mittags im Gasthof, Frühstück und Abendessen bekamen wir bei der Frau Huber-Franz in der gemütlichen Küche.

Der Gedanke, ins Gasthaus zu schwimmen, erschreckte mich. Ich konnte drei bis vier Schwimmzüge. Dann ging ich unter.

„Unterwegs fangen wir uns einen Fisch", sagte meine Mutter lustig. „Den lassen wir uns dann auch gleich zu Mittag braten. Was willst du lieber: Forelle oder Haifisch?"

So lustig war das Ganze nun wieder nicht. Es regnete immer weiter. Im Hochgebirge war der letzte Schnee geschmolzen, und all das viele Wasser konnte der kleine Biberbach nicht fassen. Er trat aus den Ufern und überschwemmte die Wiesen. Ein weiter, trüber See breitete sich aus. Die wilden Himbeersträucher waren verschwunden. Die Weiden standen bis zum Hals im Wasser. Von Stunde zu Stunde kroch der See näher ans Haus heran. Unser Obstgarten war von einem Lattenzaun umgeben. Lattenzäune sind gut gegen Kühe und fremde Hunde. Nicht gegen Hochwasser. Es wälzte sich heran, kroch durch den Zaun, überflutete die Erdbeeren, die Salatbeete. Ich fand das unheimlich. Ich sehnte mich nach meinem großen, starken Vater.

Es wurde früh dunkel. Als ich im Bett lag, nahm ich mir vor, wach zu bleiben, aber der Regen rauschte so eintönig, dass mir die Augen zufielen. Mitten in der Nacht wachte ich auf. Der Regen rauschte noch immer, aber ein neues Geräusch war da. Es plätscherte ganz in der Nähe. Ich wollte Licht machen. Es brannte nicht. Das Bett meiner Mutter war leer. Ich fing an zu weinen – da hörte ich schon wieder ein neues Geräusch. Im Stall nebenan quiekten die Schweine vom Huber-Michel; dazwischen gackerten die Hühner. Ich rannte auf den Balkon. Unser Haus stand im Wasser. Dunkle Gestalten plantschten drüben um den Stall herum. Ich erkannte die Stimmen der Frau Huber-Franz und der Frau Huber-Michel – und dann die Stimme meiner Mutter.

„Gebt mir die Ferkel durchs Fenster heraus!", rief meine Mutter. Die Ferkel quiekten und zappelten und verstanden nicht, worum es ging. Auch die Hühner benahmen sich dumm, flatterten hin und her, gackerten schrill und wollten sich nicht retten lassen. Ich sah die kleine, schmale Gestalt meiner Mutter durchs Wasser waten, zur höher gelegenen Straße hinüber. Das Licht ihrer Taschenlampe spiegelte sich und hüpfte in der schwarzen Flut.

„Mutti!", rief ich.

„Geh ins Bett zurück! Sei vernünftig!" Ich ging nicht ins Bett, ich tastete mich durchs Zimmer in den Flur und die Holzstiege hinunter.

Als ich die Haustür öffnete, schlug mir der Regen ins Gesicht. Von den fünf Stufen zum Garten waren drei nicht mehr zu sehen. Jemand kam rauschend durch das Wasser auf mich zu. Es war meine Mutter.

„Ich will auch helfen!", rief ich.

„Dann geh ins Bett zurück!"

„Ich hab aber Angst. Wenn doch Vati da wäre …"

„Dann würde er den Männern helfen. Sie schaufeln Abflussgräben und bauen Schutzdämme."

„Wieso geht denn das Licht nicht? Ich fürchte mich im Dunkeln."

„Morgen ist das Licht wieder da. Geh bitte ins Bett zurück!"

„Ich will auch helfen!", wiederholte ich eigensinnig.

„Dann lass mich weiter Ferkel retten. Damit hilfst du am besten!"

Ich schämte mich plötzlich meiner Angst. „Aber kommst du dann gleich, wenn alle Schweine und Hühner in Sicherheit sind?"

„Ich verspreche es dir. Und danke, dass du so groß und vernünftig bist!"

Da war ich stolz. Ich knarrte die Stiege wieder hinauf, tastete mich auf die Veranda und sah zu, wie meine kleine, schwache Mutter mit quiekenden Ferkeln und kreischenden Hühnern kämpfte.

Am nächsten Morgen hatte es aufgehört zu regnen, und im Laufe des Tages ging das Wasser etwas zurück. Gegen Abend konnten wir aus dem Haus. Die Frau Huber-Franz legte eine Holzplanke zur Straße hinüber. Auf schwankendem Steg balancierten wir zum Festland. Wir gingen durch das Dorf bis zur Brücke, unter der unser Biberbach als reißender Fluss durchschoss. Entwurzelte Büsche und Bäume trieben in der lehmbraunen Flut. Um jedes Hindernis quirlte das Wasser, schäumte weiß, als ob es kochte. Einige Männer aus dem Dorf standen am Ufer. Sie hatten Schaftstiefel an und fischten mit langen Stangen Treibgut aus den Wellen.

„Aus Angst um ihre Brücke!", erklärte mir meine Mutter. „Sie könnte einstürzen, wenn so ein Baum die Brückenpfeiler rammt."

Zwischen Ästen und Gesträuch kam allerlei geschwommen: ein großes Brett, das wie eine Tür aussah, ein Tisch mit den Beinen nach oben.

„Da hat das Hochwasser ein Haus weggerissen!", sagte meine Mutter.

Der Huber-Franz zog die Tür ans Ufer, der Huber-

Michel den Tisch. Da kam schon wieder etwas. Ein Dach! Ein richtiges Strohdach, man sah es schon von weitem. Ich war die Erste, die die kleine Katze darauf entdeckte. Sie hatte sich im Stroh festgekrallt, und ich sah, dass sie schrie. Aber hören konnte sie keiner, weil das Wasser so laut toste.

Ich rüttelte meine Mutter am Arm: „Eine Katze! Siehst du nicht? Eine kleine, graue Katze!"

Ich weinte vor Angst. Ich wollte auch eine Stange haben, um das Dach herauszuziehen.

„Das kannst du nicht!", sagte meine Mutter. Wir rannten zu den Huber-Bauern, meine Mutter und ich.

„Fischen Sie doch das Dach heraus!", bat sie.

Das sei ja nur aus Stroh, meinten die Männer. Es würde am Pfeiler zerbersten und der Brücke nichts tun.

„Aber die Katze ertrinkt!", rief ich.

„O mei! Die Katz!" Der Huber-Michel lachte. „So Viecher gibt's genug auf der Welt! Mehr wie g'nug!"

Der Huber-Michel war ein Riese. Meine kleine, zierliche Mutter stellte sich vor ihn hin: „Herr Huber-Michel!", sagte sie fest, „heute Nacht habe ich Ihre Schweine und Hühner gerettet. Jetzt retten Sie gefälligst die Katze! Aber schnell!"

Der Huber-Michel erwiderte kein Wort. Er watete ins Wasser, stieß die Stange weit hinein und erreichte das Dach.

Die Katze zitterte. Ihre Augen waren grün und wild. Sie hatte sich so fest ins Stroh gekrallt, dass meine Mutter sie mit Gewalt davon lösen musste. Ich streichelte das nasse Fell. Armes Kätzchen! Es war dünn und winzig und hatte so viel ausstehen müssen.

„Komm!", sagte meine Mutter. „Wir bringen es nach Hause."

„Darf ich es behalten?", fragte ich. „Für immer?"

So bekam ich eine neue Katze – und eine neue Mutter. Das heißt, es war die alte Mutter, nur ich sah sie mit neuen Augen: dass sie nämlich – auf ihre Art – genauso stark und mutig war wie mein Vater, auch wenn er sie hundertmal um den Tisch herumtrug.

Das Mikroskop*

Die letzte Stunde in der Woche, Samstag Mittag von
zwölf bis eins, war Physik bei Dr. Bötticher, genannt
Bottich. Er war groß und dick – insofern passte der
Bottich nicht schlecht –, er galt als streng und langweilig, und nur Physik-Fanatiker wie Niklas Müllner,
zum Beispiel, fanden seinen Unterricht interessant. Niklas behauptete, Bottich sei ein höchst gelehrter
Mensch, der eigentlich auf die Universität gehöre und
nicht als gewöhnlicher Lehrer an ein gewöhnliches
Gymnasium.

Draußen brütete hochsommerlich die Mittagshitze.
Im Physiksaal war es stickig; die schräg ansteigenden
Bänke schwitzten, man blieb förmlich daran kleben.
Barbara schätzte die Temperatur auf mindestens fünf-
undzwanzig Grad. Sie fragte sich, warum es eigentlich
nicht hitzefrei gab, und wusste auch die Antwort: Weil
der Direktor ein kleinlicher Mensch war, der den
Schülern nichts gönnte.

Auf dem lang gestreckten Physiktisch standen ein

---

* Als ich diese Geschichte schrieb, war es selbstverständlich, dass Lehrer den Schülern ihre Schlüssel für kurze Zeit überlassen konnten.
Diese Selbstverständlichkeit gibt es heute nicht mehr – und ich frage
mich: Warum eigentlich?

Telefon und ein Radio, uralte Modelle, die vom Flohmarkt stammen mussten. Der Bottich hielt ein Kohlekörper-Mikrofon in der Hand, aber niemand hörte zu, was er über Schallwellen, Membranen und Frequenzbereiche erzählte. Über der 3a lag lähmende Unlust.

Barbara riss einen Zettel aus ihrem Vokabelheft und verfasste ein Gedicht. Das tat sie immer, wenn ihr langweilig war.

Alles schläft in guter Ruh,
Bottichs Stimme tönt dazu.
Kohlekörper-Mikrofone
Sind mir wurscht und ganz egal,
interessiern mich nicht die Bohne –
käm ich dran, es wär fatal.
Lieber Gott, mach, dass es läutet,
weil das endlich Schluss bedeutet,
und wer danach lechzt wie ich,
schreibe sich hier hinter mich.

Sie kritzelte ihren Namen hin und schickte den Zettel auf die Reise.

Die Kassenkollegen grinsten, unterschrieben, gaben den Zettel weiter. Eleanor nickte Barbara verstohlen zu, wobei sie die Augen verdrehte, um zu zeigen, wie öd sie Physik im Allgemeinen fand und den Bottich mit seinem Kohlekörper-Mikrofon im Besonderen.

Als es läutete, hatte das Gedicht die Runde gemacht und kam zurück. Barbara überflog die Namen: Die von Florian und Niklas waren nicht dabei. Natürlich! Was hatte sie denn erwartet? Auf Niklas konnte sie leicht verzichten, den mochte sie nicht: ein Streber. Aber mit Florian war das etwas anderes. Dem hätte sie gern imponiert. Wenn schon nicht als Mädchen – da war ja wirklich nicht viel los mit ihr, klein und spärlich, wie sie war – dann wenigstens als Reimeschmiedin.

Genau genommen war das Versemachen ihr einziges Talent. Außer Turnen allerdings – im Sport glänzte sie, sowohl in Leichtathletik als auch an den Geräten. Aber der Sportunterricht war in Mädchenturnen und Knabenturnen geteilt und spielte sich getrennt ab. Niemals würde Florian bewundernder Zeuge von Barbaras Riesenbauchwelle am Hochreck sein.

Der Physiksaal leerte sich. Mopserl, der in der obersten Bankreihe saß, kickte seine Schultasche die Stufen hinunter und rief: „Wer kommt heute Nachmittag ins Freibad?"

„Ich!", sagte Barbara. Sie schob sich zwischen den andern zur Tür.

Florian stand vorne am Physiktisch, Niklas wischte die Tafel. Der Bottich war bereits verschwunden.

Niklas war Lehrmittelhelfer und hatte nach der Stunde für Ordnung zu sorgen. Er musste Telefon und Radio und sonstiges Zeug ins angrenzende Lehrmittelzimmer bringen, alle Schränke und Räume abschließen und danach die Schlüssel ans Brett neben dem Lehrerzimmer hängen.

Als Barbara an Florian vorbeiging, hörte sie ihn sagen: „Mach schnell, Niklas, ich warte draußen im Gang, wie abgemacht."

Es war ihr recht, dass eben in diesem Augenblick Eleanor sich bei ihr einhängte und schwärmte: „Dein Gedicht – also prima! Wie du das immer machst!"

Die beiden Mädchen hatten denselben Heimweg. Als sie schon einen Häuserblock weit von der Schule entfernt waren, blieb Barbara plötzlich stehen: „O je, jetzt hab ich meine Sonnenbrille im Physiksaal gelassen!"

„Dann hol sie dir doch", sagte Eleanor. „Wenn du dich beeilst, kommst du noch rein."

Barbara rannte zurück und ruderte gegen den Strom, der sich aus dem Schultor ins Freie ergoss. Überall Lärm, Gedränge und Übermut. Eine lange Schulwoche war ausgestanden.

Der Physiksaal war im ersten Stock. Sie rannte die Treppe hinauf. Florian stand in dem leeren Gang und wartete auf Niklas. Als Barbara auf ihn zu galoppierte, fragte er feindselig: „Was willst du denn noch hier?"

„Na, entschuldige schon! Ich werd mir doch wohl meine Sonnenbrille holen dürfen!"

Sie fand seinen Ton unerhört. Er stellte sich spreizbeinig vor die Tür und fuhr sie an: „Du kannst da nicht mehr rein. Hol sie dir am Montag."

Barbara starrte ihn an. Er war groß, sie musste zu ihm aufblicken, während er von oben auf sie hinunterschaute.

„Warum kann ich nicht? Niklas ist ja noch drin!" Sie hob die Hand, um die Tür zu öffnen.

„Lass das gefälligst!" Er hielt sie am Handgelenk fest. Gleichzeitig stieß er einen Warnpfiff aus, der wie das Signal der Polizeistreife klang.

„Was heißt, lass das gefälligst?", fragte Barbara wütend. „Lass du das gefälligst! Au!"

Sie versuchte, ihre Hand freizumachen.

Im Physikzimmer wurde ein Schrank heftig geschlossen, schnelle Schritte näherten sich, die Tür wurde geöffnet – und Niklas stand da, rot im Gesicht, mit schmalgekniffenen Augen.

„Ach, ihr seid's bloß!" Er war sichtlich erleichtert und fragte über Barbaras Kopf hinweg: „Was will die denn hier?"

„Sie hat ihre Sonnenbrille vergessen. Das kommt vom Dichten. Dichter sind zerstreute Leute …"

Das saß. Barbara würdigte die beiden keines Blickes und keines Wortes mehr. Stumm ging sie zu ihrem Platz, fand die Brille, setzte sie auf und trat den Rückzug an. Sie marschierte an Niklas und Florian vorbei, als wären sie Luft. Erst am Ende des Ganges drehte sie sich um.

„Ihr könnt mich gern haben, ihr zwei eingebildeten Trottel! So was Idiotisches! Und was ihr nach der Schule heimlich im Physiksaal macht, das hätte ich auch gern gewusst! Es geht mich zwar nichts an …“

„Genau!“, unterbrach Niklas. „Es geht dich einen Dreck an, und darum verschwinde!“

„Geschwind, geschwind! Verschwind, mein Kind!“, reimte Florian und zwinkerte mit den schwarzen Augen, die Barbara leider so schön fand.

Eleanor ging vor der Schule auf und ab.

„Das hat aber lange gedauert. Wie bist du denn reingekommen?“

„Niklas und Florian waren noch da. Das sind vielleicht Affen – die zwei! Stell dir vor …“

Sie erzählte Eleanor, was sie eben erlebt hatte, wobei sie ihre eigene Rolle steil hochfrisierte und sich selbst all die schlagfertigen Antworten geben ließ, die ihr vorhin nicht eingefallen waren. Sie behauptete, den beiden „eine vernichtende Abfuhr“ erteilt zu haben. Das hatte sie aus der Zeitung.

Den Samstag Nachmittag verbrachte die halbe 3a im Freibad. Niklas und Florian gehörten zu der nicht erschienenen Hälfte, und Barbara fand das ganz gut, denn sie war ja nun böse mit den beiden, insbesondere mit Florian – ohne jemals gut mit ihm gewesen zu sein.

Um so überraschter war sie, als Sonntag früh das

Telefon läutete und sich Florians unverwechselbare Stimme meldete: „Hallo, Babsi, bist du's?"

Babsi! Was sollte denn das? Sie stellte sich dumm und fragte: „Wer spricht?"

„Florian. So ein Glück, dass du zu Hause bist, Babsi. Hast du grad was vor, oder kann ich dich treffen? Ich muss mit dir reden, ganz dringend, wir brauchen dich ..."

„Wer ist ‚wir'"?

„Niklas und ich."

Sie hatte Lust, nein zu sagen, als Rache für gestern.

„Hallo, Babsi, bist du noch da?"

„Ich bin noch da, aber ob ich ausgerechnet für euch beide da bin, das muss ich mir noch überlegen ..."

„Wegen gestern Mittag? Trag uns das nicht nach, bitte. Ich erklär dir gleich, um was es da ging – und immer noch geht, und warum du uns helfen musst!"

„Ich muss überhaupt nicht."

„Nein, natürlich nicht ..." In Florians Stimme war ein Unterton von Ratlosigkeit und geradezu flehentlicher Verzweiflung, wie Barbara nicht ohne Genugtuung feststellte. Sie entschloss sich zur Großmut.

„Also gut. Wann treffen wir uns und wo?"

Statt zu antworten, fragte er: „Hast du Hosen an?"

Was sollte denn das nun wieder? „Nein, ich habe ein Brautkleid mit Schleppe an."

„Keine Witze, Babsi, es ist verdammt ernst. Ich erwarte dich in Jeans und Turnschuhen am Postplatz,

Ecke Bäckerstraße, gleich hinter der Schule, und komm, bitte, so schnell du kannst."

Er stand mit der Schulter an die Mauer gelehnt, es sollte lässig wirken, aber Barbara sah schon von weitem, wie aufgeregt er war. Sie gingen in die Eisdiele gegenüber, weil es sich dort besser reden ließ. In der dunkelsten Ecke versteckte sich Niklas hinter einer Zeitung. Barbara steuerte auf ihn zu, aber Florian dirigierte sie an einen anderen Tisch.

„Lass ihn. Er ist noch viel nervöser als ich."

Sie bestellten zweimal gemischtes Eis, und Barbara wartete, dass Florian endlich loslegte.

„Ich weiß gar nicht, wie ich anfangen soll …" Er rührte in seinem Eisbecher herum. „Vielleicht damit, dass Niklas später mal Biologe werden will oder Biochemiker – jedenfalls ein Naturwissenschaftler. Er macht schon jetzt zu Hause alle möglichen Experimente, und neulich ist er einer tollen Sache auf die Spur gekommen …"

Florian schob den Eisbecher von sich fort und sah Barbara an. „Hast du gewusst, dass bei einem Unfall die Leute meistens deshalb zugrunde gehen, weil ihr Blutkreislauf unterbrochen ist? Sie sterben sozusagen an zerrissenen Adern."

„Ist das Niklas' tolle Sache?", erkundigte sich Barbara. „Da werden doch wohl schon andere draufgekommen sein."

„Klar. Niklas sagt, dass sich die Ärzte schon lange bemühen, irgendetwas zu erfinden, wie sie die durchtrennten Blutgefäße wieder zusammenflicken können, aber es klappt noch nicht so recht."

„Und bei ihm klappt es?", fragte Barbara ungläubig. „Ausgerechnet Niklas Müllner aus der 3a erfindet was, wonach die Ärzte schon lange suchen?"

Sie tippte sich mit dem Eislöffel an die Stirn. Außerdem fiel ihr ein, dass sie kürzlich im Fernsehen eine Sendung über Unfallchirurgie gesehen hatte.

„Die können heute Nasenspitzen, abgehackte Finger und Ohren wieder dranoperieren, und sogar abgetrennte Hände und Füße."

Florian sagte, Niklas Methode sei besser, nämlich ohne Operation, er habe sie von den Medizinmännern im Busch. Wenn dort die Eingeborenen von einem Tiger angefallen würden, setze der Medizinmann Ameisen an die Wunden. Dort bissen sich die Tiere sofort fest. Der Medizinmann zwicke den Ameisenleib dann hinterm Kopf ab, sodass die geschlossenen Beißzangen hängen blieben und die Blutgefäße zusammenklammerten: einfach genial!

„Nun hat Niklas Dutzende Ameisen gesammelt und will es ausprobieren, und dafür braucht er ein Mikroskop ..."

„Warum? Die Medizinmänner haben doch auch keins."

„Es hat irgendwas mit der Ameisensäure zu tun, die

das Blut zum Gerinnen bringt. Jedenfalls hat er sich das Schulmikroskop ausgeborgt."

„Aha, jetzt weiß ich, was er gestern Mittag im Physikzimmer gemacht hat!"

„Gar nichts weißt du. So schnell kann man doch solch ein Experiment nicht machen. Niklas hat das Mikroskop mit nach Hause genommen – und wenn du das jemals jemandem verrätst, Babsi, dann ... ich weiß nicht, was dann ist!"

Sie warf ihm einen entrüsteten Blick zu und wollte wissen, was denn nun so Schreckliches passiert sei.

Bis auf den kleinen Zwischenfall mit ihr – so berichtete Florian – sei der Abtransport des Mikroskops ohne Schwierigkeiten verlaufen. Niklas wollte das Mikroskop übers Wochenende behalten, am Montagmorgen nach Schuleinlass unbemerkt ins Physikzimmer zurückbringen und die Schlüssel wieder ans Brett hängen. Der Plan war gut und hätte auch funktioniert, wenn der unselige Bottich nicht so ein pflichtbesessener Physiklehrer gewesen wäre. Statt sich an diesem schönen Sommersonntag ins Freie zu begeben, war dieser unvernünftige Mensch in die Schule getrabt, um im Physikzimmer einige Experimente für den Montag-Unterricht vorzubereiten. Als er die Schlüssel am Brett nicht fand, überlegte er, wer sie zuletzt gehabt hatte, verfiel auf Niklas Müllner und telefonierte den um acht Uhr früh aus dem Bett heraus. Auf die Frage, ob er die Schlüssel habe, antwortete der völlig verdattert mit Nein.

„Aber warum denn?", fragte Barbara. „Er hätte doch ruhig sagen können, dass er sie aus Versehen mitgenommen hat ..."

„Und das Mikroskop? Hat er das auch aus Versehen mitgenommen?" Florian schüttelte den Kopf. „Überleg mal, Babsi: Niklas überreicht dem Bottich die Schlüssel, der geht ins Physikzimmer, und das Erste, was ihm auffällt, ist die Lücke im Optikschrank, wo sonst das Mikroskop steht."

Barbara nickte. Allmählich wurde ihr die Tragweite der Geschichte klar. Die Lücke im Optikschrank würde eine hochnotpeinliche Untersuchung zur Folge haben, Niklas würde als Dieb dastehen, seine Eltern würden benachrichtigt werden und die Polizei ... Es war nicht auszudenken!

Sie fragte bedrückt: „Und was hat der Bottich auf Niklas' Nein gesagt?"

„Dass er in sämtlichen Taschen nachschauen soll und dass er ihn mit den Schlüsseln um zwölf Uhr vor der Schule erwartet."

„Und bis dahin muss das verflixte Ding auf seinem Platz stehen!", sagte Barbara. „Könnten wir nicht den Schulwart herausklingeln? Ich verwickle ihn in irgendein Gespräch, da wird mir schon was einfallen, und ihr schleicht euch unterdessen ein und ..."

„Gib dir keine Mühe, Babsi, das haben wir längst

versucht. Der Schulwart ist nicht zu Hause. Der macht sicher einen Sonntagsausflug und kommt erst abends zurück."

Florian legte den Arm quer über den Tisch und zeigte auf die Uhr. „Jetzt ist es gleich zehn. Um zwölf läuft die Frist ab. Zwei Stunden Zeit, um das Mikroskop in die Schule zurückzuschmuggeln."

„Wie denn, wenn ihr doch nicht hineinkönnt?"

„Wir nicht. Aber du."

„Ich?"

„Nur du, sonst keiner. Durch die Luke oben im Turnsaal. Sie ist offen, das haben wir schon kontrolliert."

Florian und Niklas hatten sich das so gedacht: Die kleine, dünne Barbara sollte durch das Oberlicht in den Turnsaal einsteigen, an der Sprossenwand hinunterklettern, durch die Umkleideräume ins Treppenhaus gelangen, zum Physiksaal hinaufsteigen und das Mikroskop auf seinen Platz im Optikschrank zurückstellen.

„Durch die Luke?", fragte Barbara gedehnt. „Die ist doch winzig. Und wie komme ich da hinauf?"

„Mit einer Leiter. Wir haben sie von einem Bauplatz auf der Poststraße geholt, und dort bringen wir sie auch wieder hin."

„Und wie komm' ich wieder raus?"

„Indem du denselben Weg zurück nimmst. Wir warten bei der Leiter auf dich."

Florian beugte sich über den Tisch und sah ihr in die Augen. „Also, wie ist es, Babsi? Tust du's?"

„Ich muss mir das erst mal von unten anschauen", sagte sie.

Niklas tauchte aus seiner Ecke auf. Er trug einen Rucksack und kam an ihren Tisch.

„Können wir gehen?", fragte er, halb krank vor Ungeduld.

Sie überquerten die sonntagsstille Straße. Nirgendwo ließ sich ein Mensch blicken, und niemand sah, wie sie über den niedrigen Zaun in den Schulhof kletterten.

„Na, danke schön!", entfuhr es Barbara, als sie zu dritt vor der Turnsaalmauer standen und zu der schmalen Öffnung über den geschlossenen Fenstern hinaufsahen. Die zwei Jungen stellten die Leiter an. Barbara hängte sich den Rucksack um, und Niklas sagte: „Die Schlüssel sind in der Außentasche."

Florian meinte nur: „Mach's gut, Babsi!"

Sie stieg hinauf, nahm den Rucksack ab, schwang das rechte Bein in die Luke, legte sich flach auf den Bauch, schob Arm, Schulter und Kopf durch, holte das andere Bein nach und zog schließlich den Rucksack herein.

Herrje, war das hoch! Und die Sprossenwand stand auch nicht so nahe, wie sie geglaubt hatte. Mit einer Hand hielt sie sich am Fenstergriff fest. Den Oberkörper und den anderen Arm musste sie weit zur Seite strecken, um die oberste Sprosse umklammern zu können. Es war gar nicht ungefährlich. Mit einer Riesengrätsche schwang sie sich hinüber.

„Wie ein Trapezkünstler!", dachte sie, während sie die Leiter hinunterkletterte.

Dann ging sie durch eine kleine Seitentür in den Umkleideraum, von dort am Heizungskeller vorbei ins Treppenhaus. Es war seltsam, durch die totenstille Schule zu wandern, fast unheimlich. Vor dem Physikzimmer im ersten Stock nahm sie den Schlüssel aus dem Rucksack, steckte ihn ins Schloss, und gerade, als sie dachte: „Gott sei Dank, jetzt hab ich das Ärgste gleich hinter mir!", hörte sie ein Geräusch im Zimmer. Sie erschrak fürchterlich.

Die Tür wurde von innen aufgerissen, und der Bottich betrachtete sie verblüfft: „Du? Ich hatte jemand anders erwartet." Er zeigte auf den Rucksack. „Ist da das Mikroskop drin?"

Barbara brachte zuerst kein Wort heraus; sie schluckte und nickte und stammelte schließlich: „Wie – wie sind Sie denn hereingekommen?"

„Durch Zauberei!" Er lächelte schief zu seinem Scherz, und Barbara sah ihn ungläubig an, denn für gewöhnlich pflegte der Bottich weder zu lächeln noch zu scherzen. „Es gibt noch mehr Schlüssel für diese Räume", sagte er. „Und du? Wie bist du hereingekommen?"

„Durch das Oberlicht im Turnsaal."

„Also auch durch Zauberei!" Er lächelte schon wieder. „Eine ausgewachsene Kletterpartie! Bist du Mitglied beim Alpenverein?"

Er war nicht wiederzuerkennen. Privat schien er ein netter Mensch zu sein. Es gab offenbar einen Sonntagsbottich und einen Wochentagsbottich.

„Und wer hat dich geschickt?", fragte er. „Niklas Müllner, nicht wahr? Wo ist er?"

„Er steht unten im Hof."

„Hol ihn herauf, ich muss ihn mir vorknöpfen."

Er gab ihr seinen Schultorschlüssel, und Barbara rannte hinunter, die zwei Freunde zu holen – denn Florian kam selbstverständlich mit.

Der Bottich hielt eine milde Strafpredigt, die Niklas mit gesenktem Kopf über sich ergehen ließ. Als er abschließend gefragt wurde, wozu er das Mikroskop eigentlich gebraucht habe, und eine wirre Geschichte von Ameisen, Blutgefäßen und Medizinmännern erzählte, schlug sich der Bottich mit der flachen Hand vor die Stirn: So etwas Schwachsinniges, Albernes, ganz und gar Kindisches habe er von einem intelligenten Schüler wie Niklas nicht erwartet! Dann brachte er die drei hinunter zur Schultür, reichte jedem die Hand und ließ sie schwören, dass niemand etwas von der „hundsdummen Angelegenheit" – wie er es nannte – erfahren würde.

Sie sausten erlöst auf den Hof hinaus.

„Was sagt ihr zum Bottich?", rief Barbara. „Ich hab geglaubt, ich träume …"

„Und wirst auch weiter glauben, dass du geträumt hast!", prophezeite Florian. „Denn im Unterricht ist er bestimmt wieder der Alte. Da ändert sich nichts."

Er behielt Recht. In den Physikstunden war der Bottich wie immer, streng, langweilig, unnahbar. Was sich änderte, war Barbaras, Florians und Niklas' Meinung. Wenn in der Klasse die Rede darauf kam, wer von den Lehrern am gemeinsten sei und einige „Der Bottich!" riefen, dann widersprachen alle drei kräftig.

„Ganz im Gegenteil", sagten sie. „Der Bottich ist gutmütig, der ist geradezu weichherzig, er zeigt es nur nicht so …"

Eine Grippe und drei Rätsel

Michael ist krank. Nicht sehr – zum Glück! Er hat nur etwas Fieber und etwas Schnupfen und etwas Halsweh. Daniel muss im Wohnzimmer schlafen, damit er sich nicht ansteckt.

„Papa?", fragt Michael am Abend. „Bin ich bis Weihnachten wieder gesund?"

„Bestimmt, Michi!"

„Papa, was hab ich eigentlich für eine Krankheit?"

„Die musst du selbst erraten!" Der Vater zieht einen Zettel aus der Tasche. Auf dem Zettel steht ein Rätsel. Das hat der Vater heute in der Mittagspause für Michael gemacht.

Das Rätsel sieht so aus:

BAHN – EI – EN – GAR – I – KA – LI – ME – PAP – PFLAU – RAD – RI – RIE – SEN – SEN – TA – TEN – ZWERG

„Und was soll ich damit?", fragt Michael.

„Aus den Silben sollst du Wörter zusammensetzen", sagt der Vater. „Es sind insgesamt sechs Wörter. Lies weiter, dann erfährst du, was die Wörter bedeuten."

Michael liest:

1. Es steht im Garten und hat eine rote Mütze auf.
2. Es ist groß, rund, dreht sich und steht auf jedem Rummelplatz.
3. Es ist ein Land im Süden Europas, wo wir schon einmal in den Sommerferien waren.
4. Es ist eine Frucht mit glatter blau-violetter Haut, gelbem, saftigem Fruchtfleisch und ovalem Kern.
5. Es ist ein Gemüse, das grün, gelb oder rot sein kann.
6. Es fährt, ist oft recht lang und hat vorne eine Lokomotive.

Darunter hat der Vater Kästchen gezeichnet und jede Reihe nummeriert.

1.									
2.									
3.									
4.									
5.									
6.									

Michael bekommt einen Bleistift.

„In die Kästchen schreibst du die Wörter, die du erraten hast!", sagt der Vater. „Also, fang an!"

Nummer eins ist nicht schwer. Was steht im Garten und hat eine rote Mütze auf?

„Ein Gartenzwerg!", ruft Michael.

„Schau nach, ob die Silben da sind", sagt der Vater.

Michael findet das GAR, das TEN, das ZWERG.

„Streich die Silben durch und schreib das erste Wort bei Nummer eins hin. Jeden Buchstaben in ein Kästchen."

„Muss ich der Reihe nach raten?", fragt Michael.

„Nummer sechs weiß ich nämlich. Es fährt und hat eine Lok – das ist babyleicht!"

Er streicht das EI, das SEN und das BAHN durch und schreibt das Wort bei Nummer sechs in die Kästchen.

„Jetzt kommt Nummer zwei dran", sagt der Vater. „Groß, rund und dreht sich …"

„Kann man in das einsteigen?", fragt Michael. „Und sich mitdrehen?"

„Das kann man."

„Dann weiß ich's", sagt Michael, streicht die drei Silben RAD, RIE, SEN aus und schreibt sie in der richtigen Reihenfolge bei Nummer zwei in die Kästchen.

Nun möchte er das Wort von Nummer vier finden.

„… gelbes, saftiges Fruchtfleisch", murmelt er. „Ich hab's! Ein Pfirsich!" Er schaut bei den Silben nach, dort findet er weder ein PFIR noch ein SICH.

Michael denkt nach, dann liest er den Text zu Nummer vier noch einmal genau: „Frucht mit glatter, blauvioletter Haut … eine Pflaume!"

„Getroffen", sagt der Vater.

Michael streicht beide Silben aus und schreibt das Wort bei Nummer vier in die Kästchen.

Nur mehr wenige Silben stehen da.

„Was ist mit Nummer fünf?", fragt der Vater. „Ein Gemüse, das grün, gelb oder rot sein kann."

„Das finde ich schwer", sagt Michael. „Aber das Land, wo wir im Urlaub waren – das weiß ich!"

Er streicht die vier Silben durch und schreibt sie bei Nummer drei in die Kästchen. Was bleibt denn da noch übrig für Nummer fünf?

Michael probiert herum: KA – RI – PAP …

„Hab's schon!", ruft er, streicht alles durch und schreibt das Wort bei Nummer fünf in die Kästchen.

„Fertig!", sagt der Vater. „Bravo! Du hast alle Wörter erraten."

Michael sieht ihn verwundert an. „Und was haben die Wörter mit meiner Krankheit zu tun?"

„Lies die Anfangsbuchstaben von den Wörtern", sagt der Vater. „Von oben nach unten …"

Michael buchstabiert.

Jetzt weiß er, was er für eine Krankheit hat.

Und noch etwas weiß er: Dass man auch im Bett Silbenrätsel lösen kann.

Am nächsten Tag bekommt Michael einen Brief von Bärbel.

Lieber Michi!

Hoffentlich bist du bald wieder gesund. Am Heiligen Abend krank sein – das wäre wirklich zu blöd! In der Schule reden alle nur noch von Weihnachten und vom Christkindlmarkt. Und bei uns zu Hause sind wir schon mitten in der Weihnachtsbäckerei. Das macht viel Arbeit. Dafür muss meine Mutter am Heiligen Abend nichts kochen, weil wir da immer Würstel mit Mayonnaisesalat essen. Ihr auch?

Heute konnte ich in der Schule nicht mitsingen, denn ich bin heiser. Ich durfte stattdessen lesen. Ich habe mir aber lieber ein Rätsel für dich ausgedacht, während die anderen Kinder Weihnachtslieder gesungen haben. Ein Lied mag ich besonders. Willst du wissen, welches? Dann schau dir das Rätsel an.

In jedem Satz ist ein Wort, manchmal ein ganz kurzes.

Wenn du das richtige Wort findest, dann unterstreiche es.

Am Ende kannst du alle unterstrichenen Wörter hintereinander lesen, und schon hast du den Anfang von meinem Lieblings-Weihnachtslied.

Hier ist das Rätsel:

O je, so ein Pech, armer Michi!

Als ich gestern grad unseren Tannenbaum in den Keller bringen will, damit er frisch bleibt, treffe ich den Daniel.

Er sagt, dass du krank bist, o Schreck!

Mir ist (vor Schreck) beinahe der Tannenbaum die Treppe hinuntergefallen.

Du glaubst nicht, wie Leid du mir tust!

In der Zoohandlung gibt es neue Wellensittiche, die sind grün und blau.

Auch neue Meerschweinchen sind da.

Grüße deine Eltern.

Sag Ihnen, dass der Gummibaum, den ihr uns geschenkt habt, zwei neue Blätter bekommt.

So, das war's – viel Erfolg!

Liebe Grüße
von deiner Bärbel

Anfangs findet Michael das Rätsel sehr schwer. Doch als er Bärbels Brief noch einmal durchliest, entdeckt er im zweiten und vierten Satz das Wort TANNENBAUM und im ersten und dritten Satz jeweils ein O.

„Zusammen ergibt das …", murmelt Michael, „o – Tannenbaum – o – Tannenbaum!" Ganz aufgeregt unterstreicht er die vier Rätselbausteine und ruft: „Ich glaub, ich hab das Rätsel schon geknackt!"

Abends zeigt Michael seinem Vater Bärbels Rätselbrief und seine Lösung.

„Gratuliere, die Grippe macht dich noch zum Rätsellöser-Europameister", lobt ihn der Vater. Und der Bärbel kannst du – weil sie's ja wissen will –, schreiben, dass es bei uns am Weihnachtsabend Karpfen zu essen gibt."

„Glaubst du, ich kann daraus ein Rätsel machen, zum Beispiel ein Silbenrätsel?", fragt Michael.

„Versuch es. Schreib den Karpfen von oben nach unten auf ein Blatt Papier."

Michael schreibt:

1. K...............
2. A...............
3. R...............
4. P...............
5. F...............
6. E...............
7. N...............

„Wie geht's weiter?", fragt Michael.

„Jetzt musst du dir Wörter ausdenken, die mit den Buchstaben anfangen. Weißt du eins mit K? Aber es muss ein Hauptwort sein, es muss mindestens zwei Silben haben, und du musst es erklären können.

„Kasperl!", sagt Michael. „Er ist lustig, frech und hat eine Zipfelmütze auf."

Er schreibt den „Kasperl" bei eins hin und trennt auch gleich die Silben.

Nummer zwei fängt mit „A" an. „Angst" fällt Michael ein, „Arm" und „Axt". Lauter zu kurze Wörter, sie haben alle nur eine Silbe.

Der Vater sagt: „Er lebt im Urwald und klettert auf Bäumen herum."

„Affe!", ruft Michael und schreibt es hin.

„Rrrr", macht er dann, denn das nächste Wort fängt mit „R" an. „Es dreht sich zur Musik im Kreis, und kleine Kinder fahren gern damit."

„Ringelspiel?", fragt der Vater.

„Erraten!", sagt Michael.

Das nächste Wort beginnt mit „P".

„Wie gefällt dir ‚Papagei'?", fragt Michael.

„Gut!", sagt der Vater. „Michi, aus dir wird noch ein berühmter Rätselmacher!"

„Ffffff", macht Michael. „Jetzt kommt das ‚F' dran. Ich bin für ‚Ferien'. Du auch?"

„Wie willst du das erklären?", fragt der Vater.

„Das beste an der Schule!", sagt Michael und schreibt die Ferien hin.

„Jetzt haben wir schon alles bis ‚Karpf', Papa. Jetzt fehlen uns nur noch das E und das N."

Für „E" nehmen sie „Elefant".

Und für „N" nehmen sie „Nase".

Michael liest das Ganze vor:

1. KAS – PERL
2. AF – FE
3. RIN – GEL – SPIEL
4. PA – PA – GEI
5. FE – RI – EN
6. E – LE – FANT
7. NA – SE

„Und jetzt?", fragt er.

„Und jetzt nehmen wir ein neues Blatt Papier mit Linien, und darauf schreibst du zuerst die Silben – nach dem Alphabet geordnet."

„O nein!", stöhnt Michael. „Das kann ich nicht. Aber in meinem Hausaufgabenheft ist ein Löschblatt, und auf dem Löschblatt ist das ABC abgedruckt. Gibst du's mir, bitte?"

Der Vater holt das Löschblatt aus der Schultasche und legt es dem Michi aufs Bett. „A", sagt er. „Haben wir eine Silbe mit ‚A'?"

Michael findet das „AF" von Affe, streicht es weg und schreibt es auf das neue, weiße Blatt.

„Haben wir etwas mit ‚B'?", fragt der Vater.

Michael findet nichts mit „B", nichts mit „C", nichts mit „D". Aber bei „E" findet er gleich zwei Silben. Das „E", mit dem der „Elefant" anfängt und das „EN", mit dem die „Ferien" aufhören. Dann sucht er Silben, die mit „F" anfangen, dann welche, die mit „G" beginnen und immer so weiter, das ganze ABC durch. Es dauert recht lange, aber schließlich stehen alle Silben alphabetisch geordnet hintereinander:

AF – E – EN – FANT – FE – FE – GEI – GEL – KAS LE – NA – PA – PA – PERL – RI – RI – RIN – SE – SPIEL

Darunter schreibt Michael noch auf, was die Wörter bedeuten:

1. Er ist lustig und frech und hat eine Zipfelmütze.
2. Er klettert im Urwald auf Bäumen herum.

3. Es dreht sich zur Musik im Kreis, und kleine Kinder fahren damit.
4. Er fliegt im Urwald herum, kreischt oft und hat bunte Federn.
5. Sie sind das Beste an der ganzen Schule.
6. Es ist ein Tier, groß, grau und stark, und liebt Bananen.
7. Sie ist mitten im Gesicht und bei mir rinnt sie.

„Jetzt bin ich aber fix und foxi!", sagt Michael, als er endlich fertig ist. Dann muss ihm sein Vater die Kästchen zeichnen, denn die würden im Bett ganz schief werden. Michael zählt die Buchstaben der einzelnen Wörter, damit der Vater weiß, wie viele Kästchen er machen muss.

1.							
2.							
3.							
4.							
5.							
6.							
7.							

Beim Gutenachtkuss flüstert ihm der Vater ins Ohr: „Du bist auch Rätselerfindungs-Europameister."
Daniel überbringt Michaels Rätselbrief, und Bärbel

freut sich. Sie macht sich gleich darüber her, und als sie das Rätsel gelöst hat, geht sie in die Bäckerei. Dort gibt es Christbaumschmuck aus Schokolade, in buntes Papier eingewickelt. Bärbel kauft einen Fisch, steckt ihn in ein Kuvert und gibt ihn bei Michaels Mutter für Michi ab. In dem Kuvert ist außerdem noch ein allerletztes Rätsel. Das kann man nur mit einem Spiegel lösen. In Geheimschrift steht da:

LIEBER MICHI!
VIELEN DANK FÜR DAS RÄTSEL.
WEITER GUTE BESSERUNG UND
SCHÖNE GRÜSSE
VON
DEINER
BÄRBEL

Anja ist wieder die Letzte

Im Hort ist es still und leer. Alle Kinder sind längst
fort. Ihre Mütter und Omas sind gekommen, ihre
großen Brüder und Schwestern. Bei manchen ist der
Vater gekommen. Sie haben den Kindern beim Stiefel-
anziehen geholfen. Dann haben sie die Kinder an der
Hand genommen und sind mit ihnen nach Hause gegangen.

„Auf Wiedersehen, Anja!", haben sie gesagt und ihr
zugewinkt.

Anja ist wieder einmal übrig geblieben.

Sie sitzt ganz allein auf der Bank unter den Garderobenhaken und wartet auf ihre Mutter. Sie hat
schon alles angezogen: den Anorak und die Mütze
und die Stiefel. Ihre Hausschuhe stehen ordentlich unter der Bank. Sogar den Schal hat sie sich schon um-
gebunden.

Fix und fertig sitzt sie da und wartet.

Immer ist sie die Letzte.

Immer kommt die Mama so spät!

Anja weiß schon, warum:

Weil es in der Arbeit manchmal später wird.

Weil Mama einen weiten Weg bis hierher hat.

Weil der Autobus manchmal gerade weg ist.

Weil Mama manchmal noch schnell etwas einkaufen muss …

Sie hat gesagt, dass Anja groß genug ist und gescheit genug, um das zu verstehen, und dass sie keine Angst haben soll, auch wenn sie die Letzte ist.

Anja ist groß und gescheit und versteht das.

Aber sie hat trotzdem Angst.

Wenn Mama nun doch nicht kommt?

Wenn sie vergisst, dass Anja hier sitzt und auf sie wartet?

Anja muss schlucken vor Angst. Die Tränen sitzen ganz oben. Sie holt ihr Matchbox-Auto aus der Anoraktasche. Die Mutter steckt es ihr immer hinein, damit sie was zum Spielen hat, wenn sie warten muss.

Anja lässt das Auto hin und her rollen.

Einmal hin, einmal her.

Es ist so still hier im Flur. Und das Auto schnurrt und schnarrt so laut. Anja steckt es wieder ein.

Aus dem Spielzimmer kommt ein Poltern. Steffi, die Horterzieherin, stellt dort die Stühle auf die Tische zum Saubermachen. Anja hätte ihr gern dabei geholfen.

Aber vielleicht sagt Steffi dann: „Bist du heute wieder die Letzte?"

Anja guckt auf die Garderobenhaken und liest die Kindernamen. Marie, Christian … Gestern hat der sie gefragt: „Hast du keinen Papa?"

„Nur die Mama", hat Anja gesagt. „Früher hatte

ich auch einen Papa. Der ist jetzt nicht mehr da. Der ist weg. Geschieden. Aber vielleicht kommt er mal wieder."

„Der kommt nicht!", hat Christian gesagt. „Meiner ist auch nicht wiedergekommen. Aber jetzt krieg ich einen neuen."

„Freust du dich?", hat Anja gefragt, und Christian hat gesagt, er weiß nicht, ob er sich freut.

Anja schaut die Bilder an den Wänden an und denkt nach, ob sie gern einen neuen Papa haben möchte oder lieber den alten zurück hätte.

Aber das geht nicht, sagt Mama. Der Papa hat eine neue Frau und einen kleinen Jungen. Anja hätte gerne mal mit dem gespielt, sie hat sich schon immer einen kleinen Bruder gewünscht.

Steffi kommt mit einem vollen Papierkorb aus dem Spielzimmer.

„Ich hab was für dich!", sagt sie und bringt aus der Küche ein Stück Apfelkuchen.

Den Apfelkuchen hat es heute Mittag zum Nachtisch gegeben. Da hat er Anja gut geschmeckt. Jetzt bringt sie keinen Bissen hinunter. Ihr Hals ist ganz zu.

Sie sitzt auf der Bank, den Kuchen in der Hand.

Steffi ist wieder im Spielzimmer und hat die Türe offen gelassen.

„Hast du schon gesehen?", ruft sie. „Es schneit! Morgen könnt ihr einen Schneemann bauen."

Anja bekommt noch größere Angst.

Es schneit.

Wenn es schneit, kann der Autobus nur ganz langsam fahren. Deshalb kommt die Mama auch so spät.

Und wenn die Räder rutschen?

Und der Autobus umfällt?

Und wenn alle, die drin sind, ins Krankenhaus kommen?

Und manche sind überhaupt tot?

Aber dann geht die Tür draußen, dann kommen schnelle Schritte die Stufen herauf, dann fällt die Schwingtür zurück: Mama läuft durch den Gang auf Anja zu. Mama rennt, sie ist ganz außer Atem, sie kann gar nicht schnell genug bei Anja sein. Sie nimmt sie in die Arme und hält sie fest.

Die ganze Zeit hat Anja nicht geweint. Aber jetzt kommen die Tränen ganz von allein. Die Mutter hält sie noch fester im Arm.

Der Apfelkuchen wird zwischen ihnen zerdrückt.

Anjas Anorak hat einen großen, feuchten Fleck.

„Macht nichts." Mama lacht. „Apfelmus schmeckt gut. Mir, dir und dem Anorak sicher auch."

Ein Freund für Peter

Ein einziges Mal hatte Manfred einen Schwächeren verprügelt.

Aber das tat ihm nicht Leid. Bis heute nicht.

Damals war er auf dem Höhepunkt seiner Leidenschaft für Modellflugzeuge. Stundenlang saß er über seinen Segelfliegern, schnipselte, klebte, bastelte, ließ sich nicht stören. Und eine Störung ärgster Art war es, als er sich an einem Mittwochnachmittag um den kleinen Peter kümmern musste. Der wohnte im Haus, oben im fünften Stock bei seinen Großeltern, zwei alten, müden Leuten.

„Na los, komm rein!", brummte Manfred, als sich die Tür zögernd öffnete und Peter auf der Schwelle erschien. „He! Tür zu! Es zieht! Mir fliegt ja alles weg!"

Ein paar Seidenpapierfetzen segelten vorzeitig im Luftzug durchs Zimmer. Peter stand erschrocken mit gesenktem Kopf. Die Haare fielen ihm in die Augen, er rührte sich nicht vom Fleck.

„Was stehst du denn so dumm herum?", schimpfte Manfred. „Such dir was zum Spielen – da, im Regal: Baukasten oder Domino oder sonst was. Die Bilderbücher stehen ganz links."

Bilderbücher – das war übertrieben. Peter war acht, kein Baby mehr. „Das hätte ich mir sparen können", dachte Manfred. Etwas freundlicher fragte er: „Oder magst du lieber malen?" Er holte ein Plastiketui mit farbigen Filzstiften aus seiner Schultasche.

Peter nickte und kam näher.

„Will der Herr nicht endlich Platz nehmen?"

Der Kleine nickte zum dritten Mal. Manfred fragte, ob er ein Stück Papier wolle, und schob ihm den Zeichenblock hin. „Bist du eigentlich stumm?"

Heftiges Kopfschütteln war die Antwort und ein gekränkter Blick. Manfred versuchte, seine Gereiztheit wieder gutzumachen. „Na, dann mal nur schön …!" Es klang gönnerhaft, wie von einem doppelt so alten Bruder.

Stille. Man hörte das Seidenpapier knistern und die Filzstifte über den Zeichenblock fahren.

„Komischer Bub!", dachte Manfred. Für Flugzeuge interessiert er sich überhaupt nicht. Bin neugierig, was er da zusammenschmiert …

Er reckte den Hals und sah staunend, was da auf seinem Zeichenblock entstand: Unter einem hellgrünen Himmel standen schwarze Bäume, die Äste rosa-weiß betupft; dazu eine Blumenwiese, auf der zwei Gänse ihre Küken spazieren führten.

Peter hielt ihm das Blatt hin. „Obstbäume!", sagte er. „Die blühen. Und Vater Gans und Mutter Gans und ihre Kinder."

„Du musst es mir nicht erklären. Ein tolles Bild! Vater Gans heißt übrigens Gänserich." Manfred hatte seinen Segelflieger beiseite gelegt und hielt das bunte Blatt in den Händen. Er selbst konnte nur Flugzeuge zeichnen, und die wurden auch nicht gerade berühmt.

Peter stand daneben und lächelte zum ersten Mal. „Möchtest du das Bild haben? Ich schenke es dir."

„Willst du es nicht lieber deinen Großeltern geben?"

„Nein. Die machen sich nichts aus so was." Die Antwort klang schroff.

Es wurde wieder still im Zimmer. Manfred bastelte an seinem Segler weiter. Peter stand noch immer neben ihm und fragte plötzlich: „Oder willst du es kaufen?"

„Kaufen? Wieso?"

„Weil ich Geld brauche." Das kam schnell und sachlich, gar nicht wie von einem schüchternen Buben, der Bilder malte mit grünem Himmel und rosaweißen Ästen.

„Geld? Wofür?"

„Nicht für mich. Ich brauche es für jemanden, der es braucht."

Sehr seltsam. Sehr undurchsichtig. Manfred überlegte, wer dieser Jemand sein könnte. Dann fragte er, ob Peter denn kein Taschengeld bekäme.

„O doch!" Aber da müsse er vorrechnen, wofür er es ausgegeben habe. Er brauche aber Geld, von dem er nicht sagen wollte, wo es hinkäme.

„Ach so. Ich verstehe schon!“, murmelte Manfred. Obwohl er gar nichts verstand. Da schau her, so ein Knirps und hatte Geheimnisse …

Peter kehrte auf seinen Platz zurück und malte ein neues Bild. Diesmal wurde es ein kornblumenblauer Fluss, auf dem Segelboote, Schleppdampfer und Kähne schwammen. Am Ufer stand hohes, grünes Schilf, mittendrin eine Art Haus oder Hütte, ebenfalls grün und schwer zu erkennen.

„Denkst du dir das alles aus?“, fragte Manfred. „Die Schilfhütte, zum Beispiel … Oder gibt's die wirklich?“

„Die gibt's.“

„Hast du die gebaut?“

„Nein, ich doch nicht! Fernando. Ich kann so was nicht. Aber Fernando …“ Peter verstummte und hielt sich erschrocken den Mund zu.

Manfred sah ihn nachdenklich an. Was war los mit dem Kleinen, hing es mit dem Geheimnis zusammen?

„Mensch, Peter, was ist denn so Schreckliches passiert? Fernando hat ein Schilfhaus gebaut, da spielt ihr Robinson oder Indianer – da ist doch nichts dabei! Falls deine Oma nichts wissen soll – von mir erfährt sie kein Wort.“ Er nickte dem Kleinen beruhigend zu. „Verlass dich drauf!“

Und dann nach einer Pause: „Ist Fernando der, für den du das Geld brauchst?“

Peter unterdrückte einen Schluchzer, während er

78

verzweifelt hervorstieß: „Aber ich habe ihm versprechen müssen, dass ich nie, nie etwas sagen werde. Über ihn nicht, und über die Hütte nicht. Ich hab es geschworen. Und wenn ich den Schwur nicht halte, dann wird er mich bestrafen, hat er gesagt. Grausam bestrafen.“

„Nichts wird er!“ Manfred fühlte großes Mitleid für den verstörten Peter und mindestens so große Abneigung gegen Fernando. Grausam bestrafen! Ein reizender Freund!

„Wie alt ist er denn, dein Fernando?“

„Schon alt. Vierzehn oder fünfzehn. Ich weiß es nicht genau.“

Manfred wunderte sich. Dann war Fernando also kein Gleichaltriger, sondern ein Fast-Erwachsener. Merkwürdig, dass der sich mit einem Stöpsel wie Peter abgab. „Wie lange kennt ihr euch denn schon?“

Der Kleine gab eine Antwort, die keine war, jedenfalls keine auf Manfreds Frage. „Er hat mir das Leben gerettet. Und vor der Polizei hat er mich auch gerettet, als ich die Geldbörse genommen habe …“

„Du hast eine Geldbörse genommen?“

„Aus Versehen. Also – das war nämlich so.“ Peter schluckte und war entschlossen, jetzt, da Manfred ohnehin schon so viel wusste, alles zu erzählen.

Nach der Schule ging er oft durch den Park nach Hause. Ein Umweg, aber es gefiel ihm da, die Bäume, die Blumen und besonders der Springbrunnen. Mittags waren fast keine Leute im Park, und so saß er dort ganz allein auf einer Bank und sah dem Springbrunnen zu …

„Weiter, Peter, was war mit der Geldbörse?"

„Ja – und eines Tages, da lag ein Täschchen unter der Bank, alt und schäbig und schon ein bisschen kaputt, als hätte es jemand weggeworfen."

„Wieviel war denn drin?"

„Weiß ich nicht. Ich hab nicht nachgeschaut und das Ding nur so in der Hand gehalten. Und dann ist auf einmal ein wilder Hund auf mich zugerannt und wollte mich zerreißen."

„Zerreißen? Eine Bulldogge?"

„Ein Dackel."

„Na geh, Peter! Dackel zerreißen doch keine Kinder."

„Der ja. Der ist ein ganz gefährlicher Dackel. Wenn Fernando ihn nicht zurückgerufen hätte, dann wäre ich tot gewesen – bestimmt!"

Manfred runzelte die Stirn. „Moment! Hast du das gemeint mit ‚Leben gerettet'?"

Der Kleine nickte.

„Wem gehört denn der Dackel?", fragte Manfred. „Ist es Fernandos Hund?"

„Nein, er gehört Leuten im Haus, wo Fernando wohnt. Er führt ihn nur spazieren. Das ist doch nett von ihm – oder?"

Manfred zuckte die Schultern. Er konnte nichts

Nettes an einem Menschen finden, der anscheinend kleine Dackel auf kleine Buben hetzte.

„Und wie ging es weiter?"

Fernando hatte den Dackel an die Leine genommen und nach der Geldbörse gefragt. Ein Polizist, so hatte er behauptet, habe gesehen, wie Peter die Geldbörse aufgehoben und behalten habe. Der Polizist würde Anzeige erstatten. Denn wenn man etwas findet und nicht abgibt, hatte Fernando gesagt, dann ist man ein Dieb und wird eingesperrt!

„Was? Das hat er dir alles gesagt?" Manfreds Abneigung gegen Fernando stieg. „Da hast du wohl Angst bekommen?"

„Und wie! Ganz schlecht ist mir geworden vor Angst. Aber da hat Fernando gesagt, er ist mein Freund und hilft mir und bringt die Geldbörse für mich zur Polizei."

„Und hat er sie wirklich abgegeben?"

„Ich weiß nicht. Wir haben nie wieder davon geredet. Nur, wenn ich nicht so kann, wie Fernando will, ich meine, wenn ich ihm nicht bringe, was er braucht, dann fängt er wieder davon an, dass er mich gerettet hat und dass er mich immer noch anzeigen kann, wenn er Lust hat."

Manfred schob das Flugzeug endgültig fort, obgleich er immer gedacht hatte, es gebe nichts Wichtigeres als Segelflieger. Er lehnte sich weit über den Tisch und legte beide Hände auf Peters Hände. „Dein

Fernando ist ein Schuft!", sagte er. „Was hast du ihm schon alles gegeben?"

Die Antwort kam stockend und schluchzend. „Alles – fast alles –, was ich habe. Meinen Rucksack, mein Taschenmesser, meine Briefmarkensammlung und meine Armbanduhr. Aber er will am liebsten Geld und immer mehr."

Manfred musste nicht lange fragen, wo das Geld herkam. Aus Opas Hosentaschen, aus Omas Einkaufskorb, aus der Schublade im Küchenschrank.

„Dann bist du jetzt also wirklich ein Dieb, Peter."

Der Kleine nickte schluchzend. Manfred hielt die kalten Hände mit seinen warmen fest. „Ich bring das in Ordnung! Wann trefft ihr euch denn immer? Und wo?"

„Freitag Mittag um eins. Bei der Bank am Springbrunnen. Willst du wirklich mit ihm reden?"

„Klar. Damit du siehst, was ein richtiger Freund ist. Was ein falscher ist, das hast du ja hoffentlich inzwischen kapiert."

Manfreds Herz klopfte, als er am Freitag in den Park ging. Er hatte vergessen zu fragen, wie Fernando aussah, und stellte sich einen brutalen Schlägertyp vor, einen großen starken Kerl. Statt dessen schlenderte ein eher schmächtiger Bursche auf die Bank zu.

„Logisch, dass sich so einer an hilflose Jüngere heranmacht!", dachte Manfred. „Bei Älteren hat der keine Chance!"

„He du! Ich hab mit dir zu reden!" Manfred ging auf den anderen zu. Der drehte sich um und wollte davonlaufen. Aber Manfred hielt ihn fest.

„Jetzt horch mir mal schön zu, Fernando …"

Der andere verlegte sich aufs Leugnen: „Wie? Was? Einen Peter? Nie gehört. Ich kenne keinen Peter!"

Manfred lief heiß vor Zorn. „Kennst ihn nicht? Und wo ist die Armbanduhr? Und die Briefmarkensammlung? Und das Geld?" Er schüttelte den Lügner mit aller Kraft durch.

Fernando wand sich in Manfreds Griff und versuchte es mit Kratzen, Spucken und Treten.

Was blieb übrig, als ihn in den Schwitzkasten zu nehmen? Zum ersten Mal, dass Manfred einen Schwächeren verprügelte …

Aber es tat ihm nicht Leid. Bis heute nicht.

Wir machen die Welt!

Draußen wird es schon dunkel. Marco und Lena sitzen vor dem Fernseher und schauen zu, wie zwei Raumstationen kämpfen. Es flirrt und flimmert, es bumst und kracht. Ein Rakete explodiert.

„Ich hab das gern, wenn was kaputtgeht!", sagt Marco. „Und wenn es bumst und kracht. Fernsehen ist überhaupt mein liebstes Spiel!"

„Meins nicht. Nur-Spielen ist schöner. Mit Nur-Spielen kann man viel mehr machen."

„Was denn zum Beispiel?"

„Die ganze Welt", sagt Lena. „Die ganze Welt von Anfang an."

„Echt? Dann zeig mal, wie das geht!"

Lena nimmt ein paar bunte Kissen mit auf den Teppich hinunter und die karierte Decke. Sie schaltet das Licht aus und Marco den Fernseher. Sie verkriechen sich unter die Decke und rollen über den Teppich. Sie kugeln hin und her. Sie wissen nicht mehr, wo vorn und hinten ist und oben und unten. Die Kinder, die Kissen, die Decke sind ein einziges Kuddelmuddel.

„Huu!", schreit Lena. „Luft und Erde und Wasser, alles durcheinander! Ein richtiges Tohuwabohu! Und so finster! Wir brauchen Licht!"

Marco wurstelt sich aus dem Knäuel und knipst die große Lampe an.

„Die Sonne!", ruft Lena. „Jetzt hast du die Sonne gemacht. Guten Morgen."

„Guten Morgen!", sagt Marco und wundert sich. „Ich dachte, es ist Abend."

„Wenn es Abend ist", sagt Lena, „dann brauchen wir den Mond." Sie schaltet die Stehlampe ein.

„Und wir brauchen Sterne. Die malen wir uns." Sie haben Papier und Buntstifte, sie malen viele Sterne, schneiden sie aus und verteilen sie im Wohnzimmer. Wo man hinsieht: ein Stern! Jetzt ist das Tohuwabohu hell. Sonne, Mond und Sterne. Aber es ist noch immer ein Tohuwabohu.

„Wir müssen Ordnung machen in der Welt." Lena zerrt die Decke und die Kissen auseinander. Oben ist der Himmel. Und unten sind die Erde und das Wasser. Der blaue Teppich ist das Meer. Die karierte Decke ist ein Land. Die Kissen sind kleine Inseln.

Marco liegt auf dem Bauch und paddelt mit den Füßen. „Ich bin ein Walfisch! Ffffft!" Er pustet in die Luft. „Siehst du meinen Springbrunnen? Ffffft!"

Lena ist ein kleiner Fisch und schwimmt dem großen davon – ans Ufer. Sie klettert an Land, breitet die Arme aus und flattert durchs Zimmer. „Jetzt bin ich ein Vogel!"

Marco flattert hinterher. „Ich auch."

„Bauen wir uns ein Nest."

Aber wo? Es gibt ja noch keine Bäume. Die müssen sie wieder malen. Bäume mit Blättern und Bäume mit Nadeln. Bäume mit Äpfeln und Bäume mit Birnen. Und hohe Palmen mit Kokosnüssen.

Auf dem schönsten Baum bauen sie ihr Nest. Sie polstern es mit Marcos rotem Pullover und Lenas blauer Strumpfhose aus – ein warmes, weiches Nest. Lena legt zwei Tischtennisbälle hinein und setzt sich drauf zum Brüten.

„Sind unsere Kinder bald fertig?", fragt Marco.

„Noch lange nicht!", sagt die Vogelmutter und schlägt mit den Flügeln. „Jetzt bist du dran!"

Der Vogelvater setzt sich auf die Eier. „Ich glaube, sie piepsen schon. Ich glaube, sie wollen schon heraus."

„Noch lange nicht!", sagt die Vogelmutter und hüpft auf dem Nestrand hin und her. „Guck mal! Dort unten geht ein Elefant spazieren."

Marco wundert sich. „Wieso? Wir haben doch noch gar keine Elefanten gemacht?"

„Dann wird es aber Zeit!", sagt Lena.

Sie machen die Elefanten und trampeln durch den Wald.

Sie machen die Löwen und Tiger und schleichen durch die Steppe.

Sie machen Affen und Schlangen und klettern und kriechen durch den Dschungel.

Sie machen Hunde und Katzen und Pferde und

Kühe und Schweine. Sie machen alle Tiere, die ihnen einfallen. Die Welt wird immer voller.

Fehlt noch was?", fragt Lena.

„Autos!", sagt Marco. „Und Eisenbahnen und …"

„Menschen!", ruft Lena. „Jetzt machen wir uns selbst."

Sie ducken sich ganz klein zusammen und wachsen langsam in die Höhe.

„Guten Tag!", sagt Marco. „Ich bin der erste Mensch. Ich mache jetzt Autos und Flugzeuge. Und dann mache ich Raketen und Bomben, damit es bumst und kracht."

„Nein, die machst du nicht!", ruft Lena. „Willst du, dass alles gleich wieder kaputtgeht? Unsere ganze schöne Welt? Denk dir gefälligst was anderes aus."

„Was denn?", ruft Marco genauso. „Ich will, dass es bumst und kracht."

Lena denkt nach.

Auch Marco denkt nach.

Lange Zeit ist es ganz still im Zimmer. Aber dann wird es laut. So laut wie noch nie. Die zwei machen das Gewitter. Es blitzt und donnert. Der Sturm reißt alle Kokosnüsse von den Palmen und schmettert sie zu Boden, dass es bumst und kracht.

Die Mutter kommt ins Zimmer gelaufen: „Aber Kinder, um Himmels willen, was macht ihr denn da?"

„Nichts!", sagen Lena und Marco. „Wir machen nur die Welt."

Die Geschichte von Lucie Mauermann

Ich erzähle euch eine Geschichte. Die Geschichte von Lucie Mauermann.

Fragt ihr nach der Überschrift? Sie müsste heißen: Wie ich zum ersten Mal das komische Würgen fühlte … Sie könnte auch heißen: Wie ich zum ersten Mal kapierte, was womit zusammenhängt … Oder auch ganz einfach: Die Läuse-Lucie.

Ich ging – und das ist lange her – in die dritte Volksschulklasse. In der Fensterreihe saßen die Guten, in der Mittelreihe die Mittleren, in der Türreihe die Schlechten. Jeder hatte seinen Platz: In der hintersten Bank der Fensterreihe saß die Klassenbeste; in der vordersten Bank der Türreihe saß Lucie Mauermann – ein Arme-Leute-Kind. Sie war lang, dünn, schmuddelig und ein Jahr älter als wir. Wir hatten sie von der vorigen Dritten „geerbt". Sie war sitzen geblieben und würde auch dieses Jahr wieder sitzen bleiben. Das prophezeite die Lehrerin ihr alle paar Tage. Niemand regte sich darüber auf. Auch Lucie selbst nicht. Es schien ihr ganz egal zu sein.

Sie hatte keine Freundin. In der Pause stand sie immer allein.

„Die Lucie stinkt!", sagten die Kinder. „Die Lucie ist nicht gewaschen. Und was sie immer für Kleider anhat. Zu große oder zu kleine. Und schmutzige Strümpfe. Und ganz ausgelatschte Schuhe."

An dem Tag, als der Schularzt kam, stand ich gerade vorn und schrieb einen Satz an die Tafel, als der Schulwart klopfte. „Die 3 b sofort zum Arzt hinunter."

Das Anstellen zu zweit ging rasch. Jeder suchte sich jemanden, mit dem er gerne ging. Lucie Mauermann blieb übrig. Weil ich nicht schnell genug von der Tafel zu meinem Platz kam, blieb auch ich übrig. Ich musste also mit Lucie gehen, und sogar Hand in Hand, weil das verlangt wurde. Ihre Finger fühlten sich klebrig an – jedenfalls bildete ich mir das ein. Noch nie hatte ich Lucie so aus der Nähe gesehen: Ihre Haut war blassgrau, das Haar strähnig und fettig. Von ihrem Kleid ging ein muffiger Geruch aus. Ich klemmte die Nase von innen zusammen und atmete durch den Mund.

Zum Arzt wurden wir immer zu zweit hineingerufen. Schuhe ausziehen, Oberkörper freimachen. Wir wurden gewogen, gemessen, abgehorcht, wir mussten „Aaa" machen und uns in den Hals schauen lassen. „Fertig, du kannst dich wieder anziehen."

Bei mir ging alles flink. Bei Lucie dauerte es länger. Sie wog zu wenig, und was der Arzt in ihrer Brust hörte, gefiel ihm nicht. Die Lehrerin führte flüsternd ein Gespräch mit ihm. Ich schnappte ein paar Wörter auf: „Unsere Ärmste", „unsere Schwächste". Ob die

Lehrerin damit die Schwächste im Lernen oder die Schwächste beim Klimmzugmachen meinte, wusste ich nicht. Ich sah zu Lucie hinüber, die ihr schmuddeliges Hemd anzog. Der Arzt rief sie noch einmal zu sich an den Schreibtisch und stellte ihr ein paar Fragen. Er beugte sich plötzlich vor und zog mit zwei Fingern eine Haarsträhne schräg nach oben.

„Das Mädchen hat Läuse!", sagte er.

Die Nachricht, dass Lucie Läuse hatte, verbreitete sich mit Windeseile. Alle Kinder starrten Lucie an, als ob sie eine ekelhafte, ansteckende Krankheit hätte. Ihre Banknachbarin wurde untersucht und weinte, obwohl sich auf ihrem Kopf nichts fand. Beim Rückweg in die Klasse brauchte ich Lucie nicht mehr die Hand zu geben, damit ihre Läuse nicht zu mir herüberhüpften.

In der Klasse oben musste sie ihre Hefte zusammenpacken, und die Lehrerin schickte sie mit dem Schulwart heim. Sie gab ihr einen Brief an die Eltern mit, in dem stand, dass Lucie über Nacht eine Petroleum-Packung um den Kopf brauche und erst wieder in die Schule kommen dürfe, wenn sie keine Läuse mehr habe.

Wir sprachen den ganzen Vormittag von nichts anderem, und auch zu Hause berichtete ich empört von der Läuse-Lucie.

Mein Vater sagte: „Die Arme. Wahrscheinlich gibt es dort, wo sie wohnt, kein Badezimmer."

„Sie wohnt in der Altstadt", sagte ich. „In der Krummen Gasse."

„Da hast du's. Dort gibt es Wasser nur im Hausflur und nur kalt!"

Die Altstadt war ein Viertel mit hohen, schmalen, dick-gemauerten Häusern und dunklen Höfen; nicht um die Welt hätte ich dort wohnen mögen.

Am nächsten Tag fehlte Lucie in der Schule. Auch am übernächsten und am über-übernächsten.

„Die schämt sich!", sagte ein Kind.

„I wo. Die schämt sich doch nie. Der ist doch alles wurscht."

„Die stinkt jetzt zur Abwechslung nach Petroleum."

„Vielleicht ist sie krank?", fragte ich.

„Die Läusekrankheit!", kicherte ein Mädchen und alle kicherten mit. Ich auch.

Als Lucie nach einer Woche immer noch fehlte, fragte die Lehrerin, wer bereit sei, zu den Mauermanns in die Krumme Gasse zu gehen und sich zu erkundigen, was mit Lucie los sei. Niemand meldete sich.

Ich erzählte zu Hause davon, und mein Vater sagte: „Du gehst. Heute noch."

Ich wollte nicht, aber mein Vater blieb dabei, streng wie noch nie.

Ich hoffte, dass meine Mutter zu mir halten würde, doch alles, was ich erreichte, war, dass sie mich begleiten wollte. Aber nur bis zum Haustor Krumme Gasse 4. Hinaufgehen sollte ich allein.

Ich nahm eine Tafel Schokolade mit. Wir gingen in die Altstadt, suchten das Haus Nummer 4 in der Krummen Gasse, gingen durch einen Torbogen in den ersten Hof und von dort in den zweiten. Überall spielten Kinder. Die Treppenaufgänge und Höfe waren eng und düster und stanken nach Klo. Wir fragten nach der Familie Mauermann. Sie wohnte im zweiten Stock, links, die erste Tür.

Ich musste also allein hinaufgehen; meine Mutter wartete unten im Hof. Die steinerne Wendeltreppe war ausgetreten und finster. Ich klammerte mich an dem eisernen Stiegengeländer fest. Schritt für Schritt stieg ich hinauf. Mein Herz klopfte laut. Die Wände fühlten sich kalt und glitschig feucht an. Es stank noch stärker nach Klo als im Hof. Die Stufen waren schwarz, ausgetreten und rutschig.

Oben fand ich ein Pappschild an der braunen Tür: „Mauermann 4-mal läuten". Es wohnten also noch mehr Familien in dieser Wohnung. Ich läutete viermal schnell hintereinander. Eine blasse, müde Frau machte auf. Sie hatte ein Kind auf dem Arm.

„Guten Tag", sagte ich und wunderte mich, dass ich überhaupt ein Wort herausbrachte.

„Was willst du?" Sie sah mich feindselig an.

„Ich wollte fragen, was mit der Lucie ist. Wann sie wieder in die Schule kommt."

92

„Gar nicht. Die Lucie hat's auf der Lunge und kommt nicht mehr."

Sie ließ mich stehen, und ein Junge, der hinter ihr im dunklen Flur aufgetaucht war und mich neugierig musterte, sagte: „Der Sozialdienst war da. Weil der Schuldoktor es gemeldet hat. Die Lucie ist in einem Heim für Lungenkranke, da soll sie wieder gesund werden."

Der Junge war lang und dünn wie Lucie. Er hatte die gleiche grau-blasse Haut wie sie und roch wie sie – und ich war sicher, dass er in der Schule zu den Schlechten gehörte wie sie. Ich hielt ihm die Schokolade hin und sagte: „Grüß die Lucie, wenn du sie besuchst."

Dann machte ich kehrt und stieg die Treppe wieder hinunter. Ich spürte ein komisches Würgen im Hals. Und obwohl mein Kopf leer war, musste ich denken, dass alles zusammenhing. Dieses Haus mit Lucies Läusen und Lucies Lunge und Lucies Sitzenbleiben.

Mir dämmerte, dass es reiche Kinder viel leichter haben, hübsch und sauber und gesund zu sein und gut zu riechen; dass es für ein reiches Kind längst nicht so schwer ist, in der Fensterreihe zu sitzen wie für ein armes.

Ich tastete mich die finsteren Stufen in den Hof hinab, wo meine Mutter stand. Ein paar Kinder hatten sich um sie versammelt und starrten sie an. Sie passte nicht in diesen Hof mit ihrem schönen hellen Sommerkleid und ihrer glatten rosigen Haut.

„Du, Frau Lehrerin!"

Christoph geht schon in die zweite Klasse. Und immer noch sagt er „du" zur Lehrerin.

Er kann es sich einfach nicht abgewöhnen.

„Aber Christoph!", sagt die Lehrerin. „Wir sind doch hier in der Schule und nicht im Kindergarten."

„Ja, da hast du Recht!", sagt Christoph.

Die Lehrerin lacht; sie ist eine lustige Frau. Sonst hätte sie vielleicht nicht gelacht, sondern geschimpft.

„Stell dir vor, Christoph, die Direktorin kommt herein und hört dich ‚du' zu mir sagen. Was meinst du, was sie sich dann denkt?"

Christoph zuckt die Schultern. Wie soll er das wissen? Außerdem ist es ihm ganz egal, was die Direktorin sich denkt.

Die Lehrerin sagt: „So ein großer Bub, denkt sie, und sagt noch ‚du'! Das muss aber eine komische Lehrerin sein, die den Kinder nicht einmal das ‚Sie'-Sagen beibringen kann."

Christoph schüttelt empört den Kopf. „Du bist aber keine komische Lehrerin. Du bist eine sehr gute Frau Lehrerin. Alle Kinder sagen das."

„Danke, Christoph. Trotzdem würde ich mich

freuen, wenn du endlich mit dem ,Sie'-Sagen an-fängst."

„Morgen!", verspricht Christoph.

Am nächsten Morgen trifft er die Lehrerin auf der Treppe im Schulhaus.

„Du, Frau Lehrerin! Ich habe gestern von meiner Oma eine neue Füllfeder bekommen. Warte, ich zeig sie dir!"

Er reißt die Schultasche auf. Bücher, Hefte, Feder-schachtel und ein Säckchen mit Wurstbrot und Banane purzeln heraus.

Die Lehrerin hilft ihm, alles wieder einzusammeln. Die Füllfeder ist nicht dabei.

„Macht nichts", sagt die Lehrerin. „Zeig sie mir morgen. Und übrigens wolltest du ab heute ,Sie' zu mir sagen."

„Ach richtig!", ruft Christoph. „Sei nicht bös, Frau Lehrerin! Morgen fang ich bestimmt an!"

Am nächsten Tag hat er die neue Füllfeder mit.

Als die Lehrerin in die Klasse kommt, ruft Chris-toph: „Hier ist sie! Wenn du willst, lass ich dich damit schreiben!"

„Das ist lieb von dir, Christoph", sagt die Lehrerin, „dass du mir deine Sachen borgen möchtest. Aber trotzdem wirst du bis morgen fünfmal den Satz schrei-ben ICH SOLL ZUR LEHRERIN ,SIE' SAGEN!"

Christoph nickt.

Wenn das die Frau Lehrerin freut –: bitte! Er kann sie gut leiden und macht ihr gern Freude.

Am nächsten Tag bringt er ihr sein Heft. Er hat zwei Seiten voll geschrieben.

„Aber Christoph! Ich habe fünf Sätze gesagt, und du hast zwanzigmal geschrieben ICH SOLL ZUR LEHRERIN ‚SIE‘ SAGEN. Warum?"

„Dir zuliebe", sagt Christoph. „Weil duuuu's bist!"

Fasching im Schnee

Als es die Kathi mitten bei der Abfahrt hinstreute und sie mit verdrehten Beinen mehrmals um und um kugelte, bis sie endlich liegen blieb – da wusste sie gleich: ein Beinbruch.

Es tat weh, und die Tränen schossen ihr ganz von selbst in die Augen. Dabei war sie sonst, weiß Gott, keine Zimperliche. Im Gegenteil. Als ihr neulich der Kartenständer auf den Kopf gefallen war, dass es krachte und eine Beule gab – da hatte sie gelacht, und die Lehrerin hatte gesagt: „Die Kathi ist hart im Nehmen."

Jetzt also lag Kathi im Schnee und schluchzte. Die anderen Kinder standen um sie herum und wollten ihr helfen. Aber sie konnte den linken Fuß nicht bewegen – nicht um die Welt! Es war, als gehöre er nicht ihr, ein fremder Fuß, und trotzdem tat er so weh. Die Lehrerin, die der Klasse vorgefahren war, kam von unten heraufgestapft.

„Was ist passiert? Kannst du nicht aufstehen?"

Kathi schüttelte mit zusammengepressten Lippen den Kopf. Die Lehrerin schnallte ihr behutsam die beiden Skier ab. Beim linken biss Kathi in ihren Handschuh, um nicht zu schreien.

Die Lehrerin zog ihren Anorak aus und hüllte Kathi darin ein. „Du bleibst still liegen", sagte sie, „und ihr passt gut auf sie auf. Ich fahre hinunter und verständige die Bergrettung. Wir holen dich mit dem Ackjaschlitten." Sie stieß sich mit den Stöcken ab und wedelte blitzschnell ins Dorf hinunter zur Talstation.

Es dauerte ein Weilchen, bis die Männer von der Bergrettung mit dem Ackja kamen, eine Art Schneeboot aus silbrigem Leichtmetall. Sie betteten Kathi hinein, fuhren mit ihr ins Tal und hoben sie in den Krankenwagen, der schon bereitstand. Die Lehrerin schickte die anderen Kinder nach Hause. „Deine Eltern habe ich schon benachrichtigt", sagte sie. „Sie kommen direkt ins Krankenhaus, und ich fahr mit dir mit." Unterwegs saß sie neben der Tragbahre und hielt Kathis Hand. Im Krankenhaus brachte man Kathi gleich in die Unfallabteilung, wo ihre Eltern schon warteten. Das Bein wurde geröntgt und dann bis übers Knie hinauf in Gips gelegt. Als sie endlich in dem hohen, weißen Bett lag, kamen die Eltern zu ihr ins Zimmer und sagten, dass sie bald wieder nach Hause könne, weil es zum Glück nur ein einfacher Bruch sei, der schnell heilen würde.

„Wie schnell?", fragte Kathi.

Ihr war nämlich eingefallen, dass ja in drei Wochen Fasching war. Da trieb sich das halbe Dorf auf dem Skihang herum, stellte Unfug an, und es gab Preise für die schönsten Kostüme und lustigsten Masken.

„Ich sollte doch ein Zwerg sein ...", sagte Kathi jämmerlich.

Der Skifasching fand jedes Jahr unter einem anderen Motto statt. Voriges Jahr war es „Zirkus" gewesen, vor zwei Jahren „Lumpen und Vagabunden". Heuer hieß das Thema: „Märchenfasching". In der Dorfschule hatte es große Beratungen gegeben. Viele wollten als König oder Prinz kommen, zwei Rübezahle meldeten sich an, drei Hexen und ein Froschkönig. In Kathis Klasse war Peter auf eine gute Idee verfallen: Die sieben besten Skiläufer sollten die Sieben Zwerge sein und die Lehrerin das Schneewittchen. Damit waren alle einverstanden, denn die Lehrerin war jung und hübsch, sie hatte rote Wangen und Haare „schwarz wie Ebenholz", genau wie im Märchen.

Kathi, die zu den sieben besten Skiläufern gehörte, hätte also ein Zwerg sein sollen. Als sie aber jetzt im Krankenbett danach fragte, wie schnell ihr Bein heilen würde, sagte der Vater betrübt: Zwar schnell genug, dass sie beim Faschingslauf zuschauen dürfe, aber von Mitmachen könne keine Rede sein.

„Sei nicht traurig, Kathi. Nächstes Jahr dann wieder."

Kathi drehte den Kopf weg, und obwohl sie es ganz bestimmt nicht wollte, kamen ihr schon wieder die Tränen. Denn auf den Fasching hatte sie sich gefreut wie auf sonst gar nichts.

Nach einigen Tagen durfte sie wieder nach Hause.

Ihre Mutter brachte sie jeden Morgen auf dem Schlitten zur Schule. Dort humpelte Kathi mit ihrem Gipsbein die Treppe hinauf, humpelte durch den Gang in die Klasse und saß dann auf ihrem Platz, das unbewegliche Bein schräg weggestreckt. Einmal, als Peter aufgerufen wurde und durchaus nicht wusste, was bei der Divisionsaufgabe herauskam, kritzelte sie die Zahl mit Filzstift auf den Gips und streckte das Bein extra weit aus der Bank, sodass Peter im letzten Augenblick gerettet wurde. In der Pause kam er zu ihr und versprach, sie zum Faschingslauf mit dem Schlitten abzuholen und dafür zu sorgen, dass sie unter den Zuschauern ganz vorn einen Platz bekam, damit sie alles sehen konnte.

„Nein, danke", sagte Kathi, „ich komme nicht mit. Ich bleibe lieber daheim."

„Was? Du bleibst daheim?", rief Peter. „Warum willst du dir denn nicht den Märchenfaschingslauf anschauen?"

„Weil ich nicht will."

Ihr Ton war so schroff, dass Peter auf seinen Platz zurückging. Die ganze nächste Stunde dachte er nach. Als die Schule aus war, stellte er sich unten vors Haus und wartete auf die Lehrerin.

Am Faschingsdienstag zogen die Schulkinder morgens lachend und lärmend am Fenster vorbei. Kathi hatte vorhin aus Versehen einen Blick hinausgeworfen

und eine Märchenkrone sowie einen roten Königs-
mantel vorbeigehen sehen. Jetzt saß sie möglichst weit
weg vom Fenster und versuchte zu lesen.

Draußen klopfte es ans Haustor. Kathi hörte das
Getrappel vieler Füße, die sich den Schnee abtraten
und zur Tür kamen. Sieben Zwerge mit langen Zipfel-
mützen und weißen Wattebärten stapften herein – hinter ihnen die Lehrerin.

„Grüß Gott, wir kommen unser Schneewittchen holen."

Kathi staunte die Lehrerin verwundert an.

„Wieso denn? Ich hab gedacht, dass Sie das Schneewittchen …"

„Eben nicht. Die Zwerge haben es sich anders über-
legt."

Die sieben nickten so eifrig, dass die sieben Zwer-
genmützenzipfel auf und nieder hüpften.

„Wir haben einen feinen Schneewittchensarg mitge-
bracht!", rief Zwerg Peter. Er verschwand mit Zwerg
Uli im Hausflur, und sie brachten einen silbrigen
Ackja ins Zimmer. Er war von einem durchsichtigen
Nylondach überwölbt.

„Bitte einsteigen!"

Kathi schaute verwirrt vom Ackja zur Mutter, von
der Mutter zur Lehrerin, die ein langes weißes Nacht-
hemd auspackte. Das Hemd reichte bis weit über das
Gipsbein auf den Boden. Dann kämmte die Mutter
Kathis Haar schön über die Schultern; es war zwar

nicht ebenholzschwarz, sondern kastanienbraun, aber
das machte nichts. Unter lautem Zwergengelächter
legte Kathi sich in ihren Schneewittchensarg, und die
Lehrerin malte ihr zwei runde rote Wangen. Genauso
rund und rotwangig war auch der Apfel, den sie ihr
zum Schluss in die Hand gab. Dann ging's hinaus zum
Skihang, wo das Faschingstreiben gerade richtig in
Gang kam. Beim Abfahrtslauf gab es wie immer ein
großes Hallo. Die Zuschauer lachten und klatschten.
Der Froschkönig erntete großen Beifall, ebenso die
zwei Rübezahle und mehrere Hexen. Und wie hübsch
das Dornröschen war! Fast so hübsch – und darin waren sich alle einig – wie die sieben Zwerge mit ihrem
Schneewittchen im silbernen Ackja.

Eine Liebe geht zu Ende

ER

Fritz war traurig. So traurig wie noch nie. Am liebsten hätte er geweint. Aber das ging nicht, weil er seine kleine Schwester Johanna an der Hand hielt. Er brachte sie auf die Kuckuckswiese, wo heute ein Märchenfest gefeiert wurde.

Johanna ging als Prinzessin in einem langen, rosa Kleid mit Rüschen oben und Rüschen unten und einer Krone auf dem Kopf. Die Mama hatte sie bunt angemalt mit schwarzen Wimpern, runden, rosa Wangen und einem lilaroten Mund.

„Bin ich ssön?" (Sie hatte Schwierigkeiten mit dem sch) „Sag ssnell, dass ich ssön bin …"

Fritz murmelte etwas Unverständliches. Die Tränen saßen ganz vorn. Wenn er geredet hätte, wären sie sicher herausgeschossen. Die Prinzessin würde sich sehr wundern: „Du heulst ja! Ist was Sslimmes?"

„Das geht dich nichts an!", würde er sagen. Oder: „Lass mich in Ruh!" Oder sonst irgendwas. Auf gar keinen Fall die Wahrheit: dass er wegen der Petra weinte.

Auf der Kuckuckswiese wimmelte es von verkleideten Kindern: Zwerge, Hexen und Zauberer, ein ‚Frosskönig‘, ein ‚Ssneewittchen‘, vier weitere Prinzessinnen. Fritz lieferte Johanna ab und versprach, sie in zwei Stunden wieder abzuholen.

Von der Kuckuckswiese führte ein schmaler Weg in den Wald. Fritz lief über eine Holzbrücke, stand am Geländer und schaute in den Kuckucksbach, der mit klaren, kleinen Wellen dahersprudelte. Die Quelle war weiter oben im Wald, zwischen moosigem Fels und Geröll.

Die Luft stand warm unter den Bäumen. Er ging auf versteckten Pfaden bis zu der Futterkrippe. Im Winter fanden sich hier die hungrigen Hirsche und Rehe zum Fressen ein. Nicht weit von der Krippe stand die hohe, breite Buche, auf der er Petra das Klettern beigebracht hatte. Sie waren hoch hinauf gestiegen, hatten es sich auf einem Ast bequem gemacht, er hatte Mundharmonika gespielt – alle Lieder, die sie wünschte –, und sie hatte dazu gesungen, laut, und nicht immer ganz richtig. Oder sie hatten sich unterhalten. Es war wunderbar, wie gut sie damals miteinander reden konnten. Über alles: über die Schule, übers Kinderkriegen, über den lieben Gott – über später, wenn sie Mann und Frau sein würden.

Fritz lehnte am Baumstamm und ließ sich langsam hinunterrutschen, bis er wie ein Indianer auf den Fersen hockte. Er holte die Mundharmonika aus der Hosentasche, blies drei traurige Töne und steckte sie wieder ein. In der anderen Tasche knisterte Petras Abschiedsbrief. Den hatte sie ihm heute im Pausenhof gegeben. Er berührte ihn mit den Fingern, und endlich übermannte ihn sein Jammer. Er schluchzte, er versuchte, sich vorzustellen, dass es aus war zwischen Petra und ihm. Dass sie nicht mehr seine Petra war, sondern ab jetzt Carlos Petra.

„Ich mag dich nicht mehr!", hatte sie geschrien. „Geh du nur zu deinen blöden Kreuzottern!"

„Und du zu deinen blöden Pferden!", hatte er geantwortet.

„Pferde sind nicht blöd! Pferde sind überhaupt die allerklügsten Tiere auf der Welt. Der Carlo sagt das auch."

Immer, wenn sie „Carlo" sagte, gab es Fritz einen Stich innendrin.

Sie hatten bös gestritten. Schließlich war sie auf ihn losgegangen, wollte mit ihm raufen, obgleich sie doch wusste, dass er viel stärker war. Zuletzt war sie davongelaufen: „Ich hab genug von dir! Ich will dich nie mehr sehen!"

Fritz wischte die Tränen mit dem Handrücken ab und fuhr auch gleich unter der Nase vorbei. Den ärgsten Kummer hatte er sich weggeweint. Es tat weh, und es tat gut.

Gleichzeitig regte sich so etwas wie Trotz in ihm. „Mit der Kreuzotter hab ich Recht gehabt!", sagte er laut in den Wald hinein.

Mit der Kreuzotter war das so gewesen:

Letzten Sonntag waren Petra und er zum Himbeerpflücken gegangen. Die Sonne schien hell, es war ein heißer Tag, der Himmel war blau und ohne Wolke. Im Dornengestrüpp hingen die reifen Himbeeren, samtrot und süß und saftig. Mittendrin entdeckten sie ein paar große, graue, sonnenwarme Felsbrocken. Auf dem obersten lag eine Schlange mit einem dunklen Zickzackmuster auf dem Rücken.

Petra klammerte sich erschrocken an Fritz fest.

„Eine Kreuzotter! Schlag sie tot, Fritz!", schrie sie.

„Warum denn?"

„Weil sie giftig ist. Ich hab Angst …"

„Aber sie tut doch nichts."

„Doch. Wenn hier ein Kind vorbeikommt, dann …"

„Es kommt kein Kind. Wir beide sind die einzigen Kinder weit und breit."

„Aber Kreuzottern muss man totschlagen. Das weiß jeder. Der Carlo sagt das auch."

„Das weiß gar nicht jeder. Wenn wir sie in Ruhe lassen, dann lässt sie uns auch in Ruhe. Man darf doch nicht ein friedliches Tier einfach umbringen, nur weil du Angst hast …"

Petra wurde rot vor Zorn. Ihre Stimme zitterte: „Du schlägst sie also nicht tot?"

„Nein."

„Auch nicht mir zuliebe? Auch nicht, wenn ich dich sehr darum bitte?"

„Nein."

Sie schleuderte ihm den halb vollen Becher mit Himbeeren vor die Füße und ging mit geballten Fäusten auf ihn los. Fritz hielt sie an den Handgelenken fest. Sie trat mit den Schuhen nach ihm, riss sich los und rannte schimpfend davon. „Ich mag dich nicht mehr! Ich will dich nie mehr sehen …"

SIE

Über den Fritz hab ich mich letzten Sonntag sehr geärgert. Dass er eine giftige Kreuzotter lieber hat als mich –: Das hätte ich nie von ihm gedacht! Ich bin echt wütend geworden und hab ihm ins Gesicht gesagt, dass es aus ist mit uns beiden.

Der Carlo wäre da bestimmt ganz anders. Der hätte das Biest auf der Stelle totgeschlagen und mich beschützt. Weil er ein toller Typ ist. Und der Fritz ist ein Dummkopf.

Den Carlo kenne ich erst seit zwei Wochen. Eigentlich heißt er Karl. Karl Schulz. Aber das ist kein Name für einen berühmten Turnierreiter. Deshalb hat Carlo ein O hinten angehängt; „Carlo" klingt viel besser, spanisch oder italienisch oder so. Und bei Schulz vertauscht er zwei Buchstaben und macht „Schluz" daraus.

„Carlo Schluz" – das klingt super. „Den ersten Preis gewann Carlo Schluz auf Bellinda." Super!

Bellinda ist eine braune Stute. Carlo bekommt sie zu seinem zwölften Geburtstag von seiner Mutter geschenkt. Sein Reitlehrer und Carlo haben verschiedene Pferde ausprobiert, Bellinda hat ihnen am besten gefallen; und als ich den Carlo zum ersten Mal im Sattel sah, habe ich mich glatt in ihn verknallt. Er ist genauso pferdenärrisch wie ich, deshalb passt er auch viel besser zu mir als der Fritz. Weil Carlo einen Kopf größer ist, muss ich zu ihm aufschauen, das konnte ich beim Fritz nicht. Unter der Reiterkappe hat er blonde Locken. Er sieht unheimlich gut aus in seinen ledernen Reithosen und den Reitstiefeln und dem Rollkragenpulli. Blonde Locken habe ich bei Buben früher nie leiden können. Bei Carlo finde ich sie toll. Ich habe ihn gefragt, ob er karierte Hemden mag. „Überhaupt nicht!", hat er gesagt, „die sind nicht mehr modern."

Der Reitlehrer wird Bellinda unter Beritt nehmen. Er wird ihr beibringen, was man alles zum Turnierreiten braucht: von einer Gangart in die andere wechseln, vom Schritt in den Trab, vom Trab in den Galopp. Carlo sagt, dass man mit zwölf schon die erste Reitprüfung machen kann. Die schafft er spielend. Und dann immer schwerere Prüfungen – bis er ein Turnierreiter wird. Vielleicht aber – das wäre noch viel aufregender! – wird er auch ein Turnier-Springer.

Mit Carlo verglichen, kommt mir der Fritz wie ein kleiner Bub vor. Ich weiß nicht, was ich damals so toll an ihm gefunden habe. Die grünen Augen? Die Mundharmonika? Oder dass er im Wald Bescheid weiß und die Verstecke von Rehen und Hasen kennt?

Ich interessiere mich nicht mehr für Hasen. Ich interessiere mich nur noch für Pferde, genau wie Carlo.

Dem Fritz habe ich einen Abschiedsbrief geschrieben: dass er bloß nicht versuchen soll, wieder anzubandeln. Das hat keinen Zweck, auch wenn es ihm Leid tut und er mir womöglich eine tote Kreuzotter mit in die Schule bringt. Es ist ein für allemal aus. Zum Schluss habe ich ihm, weil sich das so gehört, alles Gute für sein weiteres Leben gewünscht; und dass er bald eine neue Freundin findet. So eine wie mich bekommt er eh nicht mehr, glaub ich.

Fritz hatte ihren Brief zwanzigmal gelesen und kannte ihn auswendig. Jetzt las er ihn zum einundzwanzigsten Mal. „Was da für ein Blödsinn drinsteht!", dachte er. „Warum soll ich ihr denn eine tote Kreuzotter mitbringen. Ich denke nicht im Traum daran, eine Kreuzotter oder sonst ein Tier zu töten …"

Er knüllte den Brief zusammen und ging langsam zurück, Richtung Kuckuckswiese. Auf der Brücke lehnte er am Geländer, zerriss den Brief in kleine Fetzen und ließ sie hinunterflattern. Sie schwebten durch die Luft, sanken aufs Wasser und segelten davon.

Fritz schaute ihnen nach, bis er sie nicht mehr sah.

Das Schwalbenkind

Früh fing es an. Wie alt war ich? Zwölf ungefähr. Deutschaufsatz war meine Stärke. Der Deutschprofessor meine Schwäche. Er gab uns schöne Themen. Ein selbst erfundenes Tiermärchen, zum Beispiel. Als Hausaufgabe. Eine Woche hatten wir Zeit.

Tagelang dachte ich nach und schrieb ein halbes Heft voll. Es wurde eine prächtige Geschichte, fand ich – und so schön traurig.

Hauptperson war ein Schwalbenkind, das sich mit einem Spatz befreundet hatte. Der zwitscherte ihm was vom Winter, von weichen, weißen Schneeflocken, und wie schade es sei, dass so ein Schwälbchen in die warmen Länder fliegen müsse, ohne jemals einer Schneeflocke zu begegnen. Noch nie hatte ein Spatz so verführerisch gezwitschert. Allsogleich erlag das Schwälbchen dem Versucher und setzte sich in den Kopf, mit Freund Spatz den Winter zu erleben. „Ich fliege nicht mit!", erklärte es den erschrockenen Eltern. Weder väterliches Grollen noch mütterliches Jammern verfing und schon gar nicht der Appell an die Schwalbenvernunft: Der Winter sei tödlich, das Schwälbchen würde erfrieren.

Am Tage vor dem Abflug gab es eine Aufregung. In

der Dorfstraße, wo das Schwalbennest unterm Dach eines Hauses klebte. Plötzlich wirbelten weiße Flocken durch die Luft, mitten im sonnigen Herbst.

„Es schneit!", riefen die Kinder und rannten aus den Häusern.

„Es schneit!", jubilierte das Schwalbenkind und flog entzückt durch das weiße Gestöber. „Kein bisschen kalt! Warm und weich und wunderbar!"

Gleichzeitig hörte man eine schimpfende Frauenstimme am Dachfenster: „Der Sepp, der Mistkerl! Hat mir das Kissen aufgeschlitzt! Na warte!"

Der Abend kam und die letzte Nacht vor der Reise übers Meer. „Kommst du wirklich nicht mit?", fragten die Schwalbeneltern. „Nein!" Das Schwalbenkind hob stolz den Schnabel. Da verfiel die Mutter auf eine List. Sie pickte ein paar Bettfedern vom Boden, zog sie in der Regentonne durchs kalte Wasser und polsterte damit das Nest aus. Nicht das ganze, sondern nur die Stelle, wo das störrische Schwalbenkind schlief. „Da hast du deinen Schnee!", sagte sie.

Dem Schwälbchen wurde kühl, wurde kalt, wurde eisig. Es konnte nicht schlafen. Die ganze Nacht hockte es zitternd auf den nasskalten Federn, und am Morgen war sein Starrsinn gebrochen. Es konnte nicht flink genug auf den Sammelplatz kommen. Es konnte nicht schnell und hoch genug fliegen. So sehr freute es sich auf den Süden. Aber mitten überm Meer geriet es in Atemnot. (Ich hatte mir nämlich ausgedacht, dass es sich in der Nacht auf den eiskalten Federn eine Lungenentzündung geholt hatte.)

„Warum fliegst du so langsam?", fragte die Mutter. „Warum fliegst du so tief?"

„Weil mich das freut!", erwiderte das Schwalbenkind. „Weil ich mein Spiegelbild im Wasser sehe. Weil ich mich mit den Fischen unterhalten kann."

Schließlich fiel es ins Meer. Und zwar – so hatte ich es mir dramatisch erfunden – in eben derselben Sekunde, als die Schwalben in zwitscherndem Jubel ausbrachen: „Die warmen Länder! Wir sehen sie!"

Eine Weile später ließ sich das Vogelvolk an der Küste nieder. Kleine Wellen brandeten ans Ufer und spülten den Leichnam eines ertrunkenen Schwälbchens an den Strand. Alle Vögel hatten den Süden erreicht.

Armes Schwälbchen! Wie tragisch! Ich war in Tränen, als ich den letzten Satz schrieb, schämte mich aber nicht, denn ich hatte gehört, dass Dichter öfters in Tränen ausbrechen, wenn sie eines ihrer Geschöpfe bedauerlicherweise sterben lassen müssen.

Bei der Rückgabe der Hefte erwartete ich mindestens ein „Gut", eventuell ein „Sehr gut". Stattdessen warf mir der Deutschprofessor düstere Blicke zu und behielt mein Heft zurück. Nach der Stunde sollte ich zu ihm kommen. Unheil also. Was hatte ich verbrochen? Mit Herzklopfen stand ich vor dem Lehrertisch.

Und las dann voller Empörung einen längeren Rote-Tinte-Text, der unter meinem Aufsatz stand: Dass ich, statt mir selbst ein Märchen auszudenken, ein schon vorhandenes abgeschrieben hätte; dass aber mein Täuschungsversuch dem alles durchschauenden Lehrerauge nicht verborgen geblieben sei; dass ich mich schämen solle, dass die Arbeit unbewertet bliebe, dass diese sittliche Verfehlung nur durch reuige Einsicht, verdoppelten Fleiß etc., etc. wieder gutzumachen sei …

Ich weinte vor Wut. Ich schluchzte. Ich schwor. Ich war zu Tode gekränkt. Dass mein Lieblingsprofessor (von Stund an war er's nicht mehr!) mich betrügerischer Absichten zieh, war das Schlimmste. Ich fragte, wo er denn das Märchen gelesen habe?

Nirgendwo.

Wie er dann behaupten könne, es sei nicht von mir?

Weil sich ein Mädchen in meinem Alter unmöglich so eine Geschichte ausdenken könne.

Ich hörte auf zu weinen. Ich fing fast an zu lachen. Ich dachte: „Wenn ein Professor dein Märchen so enorm findet, dass er dir nicht zutraut, es selbst geschrieben zu haben, dann bist du offenbar nicht unbegabt. Dann ist vielleicht etwas los mit dir. Dann wirst du später vielleicht einmal Geschichten schreiben …"

So fing es also damals an. Das erste Buch erschien fast zwanzig Jahre später. Aber trotzdem: damals, mit dem Schwalbenkind fing es an, glaube ich.